Casos *e* descasos

— na casa espírita—

Do Espírito
Conselheiro

Casos *e* descasos

— na casa espírita—

Pelo Médium
Jáder dos Reis Sampaio

LACHÂTRE

Programação visual da capa:
Andrei Polessi

Revisão
Alexandre Caroli Rocha

Ilustrações do miolo
Rita Foelker

Instituto Lachâtre
Caixa Postal 164 – CEP 12914-970
Bragança Paulista – SP
Telefone: 11 5301-9695
Site: www.lachatre.org.br
E-mail: editora@lachatre.org.br

1ª edição, 1ª reimpressão – Julho de 2012
Do 2001º ao 4.000º exemplar

Impresso no Brasil
Presita en Brazilo

CIP-Brasil. Catalogação na fonte

Sampaio, Jáder dos Reis, 1965 –

Casos e descasos na casa espírita / Jáder dos Reis Sampaio/Conselheiro – 1ª ed. – Bragança Paulista, SP : Lachâtre, 2012.

ISBN: 978-85-65518-03-1
112 p.

1.Espiritismo. 2.Crônicas. I. Título. II. Subtítulo. III.

CDD 133.9 CDU 133.7

Sumário

Apresentação

Conselheiro e outros espíritos

Foi em agosto de 1986 que se fundou o grupo mediúnico onde as mensagens deste pequeno livro seriam escritas. Inicialmente ocupei a função de doutrinador, ou como passamos a chamar, atendente. Já tinha contato com a mediunidade e seus estudos desde a adolescência, quando meu pai, José Mário Sampaio, mantinha um ciclo permanente de estudos sobre mediunidade na antiga sala 24 da União Espírita Mineira.

Sempre registrei intuições, tive ideias que me pareciam diferenciadas da minha forma usual de pensar e escrever. Algumas se manifestavam enquanto falava em reuniões públicas. Sempre escrevi, também, como função própria de minha profissão de professor universitário e para o movimento espírita. Meu texto espírita pode ser encontrado nas páginas do *Espiritismo Comentado*, que é um blog que mantenho há quase cinco anos.

Após muitos anos como atendente e dirigente, veio o impulso para escrever na reunião mediúnica. Inicialmente alguns parágrafos, depois textos maiores. Eu nunca consegui ver ou ouvir espíritos, mas sentia presenças, algumas suaves e femininas, outras professorais, outras em estado de perturbação emocional, muito variadas. As influências são como o vento, elas vêm e vão, e o trabalho de escrever é uma corrida atrás das ideias que chegam em profusão. Uma vez um espírito me disse que são folhas ao vento e que, se as soltar de minhas mãos, não se sabe até onde serão levadas.

Durante algum tempo registrei a influência de um espírito que alcunhei como Companheiro de Trabalhos. Ele trazia textos diversos sobre temas doutrinários e evangélicos. Parecia um professor antigo, dando orientações e incentivando o estudo e a prática. Entremeando seus trabalhos, vieram depoimentos de espíritos em diversos estados, relatos de histórias de vida (e morte), algumas raras cartas de trabalhadores do movimento espírita com quem convivi, orientações e até poesias com versos livres. Estes trabalhos não foram publicados, porque entendi que muitos deles eram frutos do processo de educação mediúnica, eram como os quadros feitos por pintores que vão aprendendo uma técnica, e por isso mesmo, cheios de limitações. Outros foram escritos para o grupo ou a nossa casa espírita, então, ficaram neste âmbito. Muito poucos tinham por finalidade apoiar algum evento ou pessoa, então foram entregues em mãos.

Tive o primeiro contato com o autor espiritual destas páginas em 2008. Ele chegava sempre com uma espécie de "semente de história", um tema que crescia e ganhava forma em poucos minutos ante meus olhos. Sempre selecionei o que iria escrever. Não raro percebia alguns espíritos com propostas que não podia aceitar, mas o Conselheiro era tão instigante que não me recordo de dizer-lhe não. Eu nunca sabia o final da história que ele trazia, apenas o início, e acho que com este expediente ele me prendia ao seu psiquismo, escrevendo o mais rapidamente possível, porque as imagens e palavras vinham e iam ininterruptamente. Não raro o desenrolar da história me surpreendia e ganhava rumos inesperados. Imaginem a preocupação sobre como iria acabar a narrativa! Muitas vezes achei que o texto ia ficar pelas metades, o que não ocorreu. Cada capítulo deste livro foi escrito em papel, aos olhos dos demais colegas de reunião, em intervalos de dez a vinte minutos.

O texto do Conselheiro tem algumas características distintivas dos demais espíritos que escrevi. Ele constrói personagens factíveis, mas ficcionais. Sua narrativa é ao mesmo tempo realista e psicológica, porque ele se detém no mundo dos pensamentos e sentimentos de suas criações. Há um toque de humor, talvez uma pequena pitada, na escolha dos nomes dos personagens e nas pequenas tramas que propõe.

Se eu não houvesse escrito, seguramente esqueceria estas histórias. Sempre me surpreendo ao reler, como se fossem novas. Costumeiramente chama-me a atenção alguns detalhes que me escaparam.

Não tenho pretensões de comprovar a existência dos espíritos ou de alardear faculdades mediúnicas espetaculares com este livro. Se você não acredita em vida após a morte, leia como se fosse um produto do meu inconsciente, como desejava o dr. Carl G. Jung. O que me leva a publicar este trabalho é a reflexão que o Conselheiro faz sobre o movimento espírita nos dias de hoje, que enfrenta velhas questões do espírito humano. Penso que há um pouco de meus amigos e colegas espíritas e de mim, nos personagens que foram criados. Acredito também que sua leitura pode levar o leitor a se pensar e repensar, embora os mecanismos de defesa existam para que os menos comprometidos com o autoconhecimento projetem os temas em terceiros.

Agradeço ao Alexandre Caroli Rocha, que considero amigo dileto e competente doutor em literatura, a revisão generosa que fez deste trabalho. Agradeço aos companheiros de reunião a crítica honesta, os comentários e impressões que compartilharam comigo, e espero que esta publicação sirva de incentivo para todos nós continuarmos com o modesto trabalho que fazemos.

Jáder Sampaio, 28 de fevereiro de 2012.

Prefácio

Uma voz de além-túmulo na multidão

No ano que passou, transpusemos o abismo do homem rico para refletir sobre situações cotidianas da atividade e da vivência pessoal dos espíritas, à luz de dois mundos.

Não nos arrogamos a sabedoria ou a iluminação espiritual de Lázaro.[1] Somos apenas um jornalista do além, retratando com as letras as histórias que descrevem muitos de nossos leitores.

Dizia o patriarca hebreu ao personagem criado pelo Mestre que os homens da época tinham a lei e os profetas. Pois bem, o homem contemporâneo tem os evangelhos e a revelação espírita, a companhia das ciências e o conforto proporcionado pela tecnologia. Nós, portanto, somos uma pequena voz, talvez já rouca, que visa trazer a atenção dos espíritas, tão assediados pelos meios de comunicação e pela informação, para que

[1] O espírito se refere à parábola do rico e de Lázaro, que se encontra no evangelho de Lucas, capítulo 16, versículos 19 a 31.

não se deixem enganar pelo canto da sereia que as provas escolhidas antes da encarnação trazem consigo.

A virtude, tão considerada pelos gregos, ainda que por uma ótica diferente, ainda é o desafio mais difícil do ser humano. O drama dos relacionamentos duais ou de grupos continua gerando sofrimento e desilusões futuras.

Possa este trabalho despretensioso somar voz com um chamado maior, o dos espíritos das obras de Allan Kardec, e tocar por um instante que seja o seu leitor.

Quem sabe ele não se identificará com algum de nossos personagens, criados a partir da experiência de espíritas encarnados, e por um momento fechará seus ouvidos à balbúrdia do exterior para refletir sobre seu mundo íntimo?

Nossa pretensão não é outra que desvendar, como Édipo,[2] o segredo da Esfinge moderna, que semeia a ilusão de um novo homem em uma nova civilização materialista, desejando com isso a morte do Espírito.

Possa o leitor perceber a fragilidade do corpo e a eternidade do Espírito em um mundo sensual. Possa recordar-se dos conselhos corroborados pelo mestre lionês, que entreviu o orgulho e o egoísmo como as grandes chagas da alma, capazes de transformar homens considerados vitoriosos aos olhos do mundo em mendigos espirituais.

Conselheiro

---

[2] O autor se refere ao mito grego de Édipo, escrito por Sófocles na peça *Édipo Rei*.

1. O belo jovem

No grupo de jovens, Belizário Leme fazia as moças suspirarem. Feições europeias, olhos claros, cabelos bem cuidados e uma conversa fácil e envolvente.

As intenções não passavam despercebidas a Marilda Ramos, orientadora do grupo. Na juventude, pensava, os entusiasmos e interesses românticos são normais, mas intuitivamente percebia que algo estava errado com o jovem Leme.

Participante, Leme projetava uma imagem de segurança e fazia questões aos expositores, mas desconhecia os livros de Kardec.

Aos poucos ele fazia uma "salada" com o que ouvia na escola, no meio social e no centro espírita. Sentia imenso prazer em destacar-se em público, mas incomodavam-no os livros e as tarefas.

Marilda convidou-o a participar da evangelização infantil. Ele a frequentou por algumas semanas, conquistou mais admiradoras e, inconstante, afastou-se.

Belizário era assim também com os relacionamentos. Como era assediado e admirado, sempre apontava uma jovem como sua namorada, mas passado algum tempo, lá estava ela em lágrimas, porque ele se desinteressava facilmente. A conquista era considerada mais prazerosa que o relacionamento.

Seu comportamento volúvel logo se destacou mais que seus lindos olhos claros, e as jovens passaram a se aproximar dele com reticências, temerosas de ser a próxima conquista abandonada.

Os dirigentes das atividades também ficaram reticentes. Belizário questionava tudo e todos, propunha às vezes ideias inadequadas ou irrealizáveis. Seu pouco conhecimento do espiritismo fazia com que ele tentasse transformar as atividades a seu modo, segundo sua personalidade e não para uma finalidade edificante.

Como nunca acatava sugestões, sempre tergiversava e insistia em seus pontos de vista. Ele foi se desgastando no movimento espírita.

Marilda chamou-o em particular para conversar.

– Belizário, estude mais os livros espíritas. Você é um rapaz inteligente, necessita ter um conhecimento mais sólido.

– Claro, Marilda! – dizia sorridente com os lábios, mas pensava: "Estes livros são mais do mesmo, estão sempre repetindo as mesmas coisas".

Em outra oportunidade, Clara, coordenadora de promoção social, explicava-lhe:

– Belizário, se você quer desenvolver-se em uma atividade, precisa dedicar-se por mais tempo, aperfeiçoar-se. Dizem que os espíritos só passam grandes responsabilidades a quem tem pelo menos dez anos de persistência.

Belizário ouvia, silencioso, mas acreditava-se inteligente e talentoso.

– Isto não deve se referir a mim, pensava, vaidoso.

Os espíritos perceberam que Belizário almejava a visibilidade, o palco, a admiração dos seus e evitava o sofrimento, a dificuldade, os problemas que lhe tocavam fundo, porque revelavam sua dimensão humana e imperfeita.

Sem rumo, ele foi se afastando da casa espírita, interrompeu os estudos e procurou um trabalho "digno" de suas habilidades.

A vida aos poucos foi se encarregando de apresentar situações que colocavam em questão a visão de si mesmo, mas ele não amadurecia. Fazia gastos sem recursos suficientes para saldar, teve filhos inesperados, continuou sua trajetória avassaladora pelas pessoas e organizações.

Muitos anos passados, Marilda reencontrou-o na rua e perguntou, afetuosa.

– Como anda, Belizário? Há quanto tempo!

Ele sorriu, charmoso, e respondeu:

– Resolvi seguir seu conselho e estudar os livros de André Luiz em minha casa, mas as responsabilidades da vida aumentaram e tive que me afastar do grupo.

– Apareça um dia, meu irmão, replicou-lhe a orientadora, com olhar cruciante.

Face cansada, Belizário cumprimentou-a e seguiu seu rumo. Sentiu saudades daquela época, mas respirou fundo e prosseguiu em busca de sua ilusão.

2. Levindo, o completista

Levindo Alves conheceu o espiritismo através de amigos.

Sentia em seu grupo uma afetividade reparadora, uma acolhida cordial e um desinteresse na sua posição social, posses ou títulos.

Ele foi amealhando simpatias e algumas amizades em meio aos que passou a considerar sua família espiritual.

Chegava a fugir das lutas domésticas e do ambiente competitivo do trabalho em alguns espaços do movimento espírita.

Gostou tanto o moço, que se deixou levar pelo entusiasmo.

Desejando ver um mundo melhor, e diante das orientações escritas pelos espíritos que se comunicavam através do médium de Pedro Leopoldo,[3] Levindo resolveu ser rigoroso consigo mesmo e indulgente com o próximo.

---

[3] Chico Xavier.

Em casa evitava todo tipo de conflito, incluído o educativo. Não conversava com os irmãos e familiares nem aproveitava as oportunidades que tinha para expressar opiniões dissidentes.

Pior que omitir-se em situações nas quais poderia influenciar para o bem sem violentar a liberdade das pessoas, ele começou a sentir-se superior aos familiares porque detinha um conhecimento valioso.

Como é difícil ser superior, ele iniciou um conjunto de ações que o transformaram na "mulher de César"[4] ao contrário: apresentava-se superior.

Vestia-se de forma conservadora e escura, escandalizando-se com qualquer alteração nos padrões da moda dos homens. Evitava as roupas coloridas, os cortes diferenciados, os novos modelos. Às vezes se descuidava da aparência, negligenciando os cuidados necessários até à higiene pessoal, interpretando seus atos como se fossem humildade.

As roupas com costuras e remendos não eram expressão de dificuldades financeiras, mas um desejo 'franciscano' de apresentar-se com simplicidade.

Como as ideias lhe brotassem do íntimo, repreendedoras, dirigidas às pessoas a sua volta, ele fez um esforço para suprimir seus pensamentos, o que lhe fazia parecer alguém um pouco falso, porque os olhos não ocultam o que as palavras não comunicam.

Levindo leu avidamente os livros de feição oriental que aconselhavam a abstenção do consumo de carne. Resolveu de pronto alterar os hábitos alimentares para evitar o morticínio desnecessário dos seres inferiores, nossos irmãos. Sequer tomou o cuidado de

[4] Diziam os romanos: "Não basta à mulher de César ser honesta, ela tem que parecer honesta".

buscar orientação nutricional com profissional competente de saúde que lhe acompanhasse e o auxiliasse em seus propósitos. Como resultado, após algum tempo começou a ficar meio pálido.

A alimentação foi se tornando cada vez mais frugal e insuficiente para satisfazer um corpo de 1,85m de altura. Ele desejava educar os impulsos e passou a valorizar o consumo de água, que considerava repleta do "*prana*" e dos fluidos dos espíritos superiores.

Evitava festas, churrascos e outros encontros sociais, considerando-os manifestações modernas do culto de Baco.[5]

Aderiu aos alimentos orgânicos e naturais, aos rótulos *light* e às baixas calorias.

Preferia a meditação e a inação às atividades físicas, que considerava ser uma manifestação do culto ao corpo.

Tão aparentemente espiritualizado e anti-social, não demorou a ter que conviver com moléstias próprias de um estilo de vida que desconsiderava um fato essencial: Alves era um espírito encarnado e seu corpo demandava cuidados que ele negligenciava em nome de uma suposta espiritualização.

Os amigos espíritas o admoestavam com cuidado, evitando magoá-lo.

– Levindo, você está se alimentando direito?

Ele redarguia, superior:

– Estou muito melhor agora. Sinto-me mais leve, sofrendo menos as imposições do corpo físico.

---

[5] Dionísio para os gregos ou Baco para os romanos, associado a festas orgíacas, banquetes e licenciosidades sexuais.

Levindo estava determinado a tornar-se um completista.

Intolerante, ele estava determinado a tornar-se um "completista".[6]

– Levindo, você não está muito pálido? Já procurou um médico? – disse-lhe mais diretamente dona Rosa.

– Não, minha irmã. Trago a pele sensível e evito o sol. Além do mais, o abandono da alimentação carnívora nos traz uma nova feição.

Enfraquecido, chegou um momento em que Levindo não conseguiu mais ocultar os sinais de sua enfermidade, mas inda assim replicava:

– É a visita da dor, o momento da prova que devo suportar com paciência e resignação.

Mas, além da aceitação, ele era incapaz de perceber que se negligenciava.

Em um par de semanas, Levindo estava no leito. A família o levou a contragosto para o médico, que lhe receitou medicamentos, mudança de hábitos e atitudes e exercício físico.

O moço recalcitrava.

– São médicos materialistas, não conhecem a capacidade e o poder do espírito.

Pediu então que dona Rosa o levasse a uma reunião mediúnica para tratamento.

Convidado a contar o que o levava até lá, ocultou as suas aflições e disse ao dirigente que era incompreendido pela família e pela medicina terrestre, que não o auxiliava em seus esforços honestos de espiritualização.

---

[6] Nos livros de André Luiz, refere-se a um espírito que cumpriu todas as provas e expiações que programou para a atual encarnação.

Comunicou-se então um espírito familiar, com os trejeitos do povo africano, que tanta sabedoria trouxe à sociedade brasileira.

– Meu filho – dizia ele –, quando vivi como escravo eu também me revoltava contra meu corpo. Perguntava aos orixás o que havia feito para ser maltratado pelos homens, ser tomado como besta-fera e incitado ao trabalho físico.

"Sofri de banzo, mesmo tendo nascido em terras brasileiras, e quis morrer, mas o sábio de minha comunidade me disse que não podia me deixar entregar à tristeza e precisava fortalecer-me para ajudar aos meus irmãos na labuta até o dia em que fôssemos livres.

"Meus irmãos negros, então, separaram parte de sua ração diária para que eu pudesse me alimentar melhor e me fortalecer, até que eu entendi que tinha uma obrigação para com meus irmãos de sangue e não podia permitir que meu corpo perecesse.

"Hoje o que posso lhe dizer é que você é meu irmão branco e precisa acordar para a vida. Seus irmãos já o levaram para o homem sábio do seu povo que é o doutor.

"Nós, espíritos, esperamos que você desperte para a vida, cuide do seu corpo e siga as instruções inspiradas que ele recebeu quando o examinou."

Levindo sentiu um choque.

Cuidou da saúde e melhorou. Procurou mais orientação junto à medicina dos homens e aprendeu que seu corpo era uma parte fundamental de si mesmo, que não devia ser subestimado.

3. O Filho de Amelinha

Eram altas horas da noite. De joelhos, à moda católica, Amelinha dos Anjos orava, emocionada, solicitando forças para enfrentar sua prova que aparentava ser intolerável.

Ainda ontem era jovem e cheia de sonhos. A beleza do corpo e a saúde sorriam-lhe, como se a deusa Fortuna a houvesse coberto de favores.

Amelinha era desejada pelos belos e ricos jovens com quem convivia. Agraciada com inteligência vivaz e um belo sorriso, namorava sem compromisso, saía e divertia-se como convinha a uma jovem solteira.

– Você está na idade de aproveitar a vida – dizia-lhe a mãe, talvez temerosa de um casamento precoce, como o que ela própria havia escolhido.

– Depois você não terá o mesmo tempo para sair e frequentar festas – dizia, profética, dona Glorinha, sem sequer imaginar o futuro da filha.

Passaram-se os anos e Amelinha namorou, divertiu-se, estudou e formou-se, para finalmente casar-

-se. Abelardo foi o escolhido, para despeito de seus rivais, que o alcunharam, despeitados, de Abelardo, o felizardo.

Após algum tempo de vida conjugal e profissional, veio-lhe a suspeição da gravidez. As regras não vinham há mais de mês e a boa notícia foi confirmada pelos exames médicos.

A gravidez transcorria na maior normalidade, até que, em um dos exames de imagem, o médico suspeitou de má-formação do feto.

Já sensibilizada pelo estado de gravidez, Amelinha chorou muito no colo também úmido de Abelardo, que viu seus sonhos de paternidade serem perturbados por notícia tão apreensiva.

Feitos exames complementares, não restou dúvidas de que o futuro bebê era portador de uma doença rara que lhe afetaria gravemente o desenvolvimento.

Enfermeira de nível superior, Amelinha buscou nos livros e pediu aos médicos opinião sobre o futuro do seu filho em gestação. Desencantada com as informações, ouviu de um discípulo de Esculápio a infeliz proposta de abortar o pequeno. Ele conhecia clínica clandestina que lhe prestaria o serviço em troca de polpuda remuneração.

Amelinha ficou dividida. Apesar das notícias, ansiava por ter nos braços a vida que pulsava em seu ventre, mas incomodava-lhe o que parecia ser uma vida de sofrimentos e dores sem fim.

Ante comentários díspares, procurou dona Glorinha, sua mãe, que professava o espiritismo. Ela havia acabado de assistir a uma palestra articulada à campanha “Em Defesa da Vida”, promovida pelos dirigentes de sua casa espírita em consonância com um projeto maior do movimento.

– Minha filha, tenha fé em Deus! Ele não põe fardo nas costas de quem não possa carregar. Quem pode ter certeza do que acontecerá no dia de amanhã? Não se deixe levar pelo caminho fácil do crime contra você mesma, que terá frustrados seus sonhos de mulher e colocará em risco a sua própria saúde física e mental.

Amelinha viu alguma sabedoria naquelas palavras. A mãe parecia ver-lhe a alma. De um lado, o medo e a decepção de não ter podido gerar um filho saudável. Ela se perguntava se não seria sua culpa, se não teria utilizado algum medicamento danoso, se não teria sido contaminada em seu trabalho por algum paciente, se...

A mente fervilhava de acusações, mas no fundo do coração desejava a criança, fosse como fosse. Ela já começava a dar sinais de sua presença no útero levemente avolumado e isto despertava uma emoção tão profunda que nem o sofrimento de Abelardo podia ocultar-lhe os sentimentos de mãe.

Em sua cabeça, a criança em gestação era um transtorno e uma realização. Os sentimentos a dividiam e ela começou a perceber a dimensão do afeto que sentia pelo pequenino, até que se flagrou com um livro de nomes na mão, discutindo com o companheiro como ele se chamaria.

Passaram-se os anos e não diminuía a culpa nem o amor. O pequeno Davi enfrentava o Golias da enfermidade física e das limitações mentais. Não bastasse a doença, vez por outra caía em estertores que os médicos diagnosticaram como epilepsia.

Amelinha não poupava esforços por conseguir tratamentos e remédios e, apesar dos conhecimentos de saúde que obtivera em sua formação, ainda tinha a esperança de aplacar o mal que consumia o filho querido.

Da mesma forma que convivia com a ampliação de cuidados, ela não ocultava o carinho que sentia pelo filho. Após horas de procedimentos cansativos, bastava um sorriso, um gesto, um afago de Davi para iluminar-lhe os dias.

Cada convulsão era uma preocupação seguida de dor.

A avó tentava ajudá-la dentro de suas possibilidades. Abelardo não a deixou; às vezes lhe vinha à mente o voto proferido na igreja que dizia: na saúde e na doença.

Um dia, após a higiene habitual, Amelinha viu Davi ter uma espécie de ataque de fúria e quase não conseguiu contê-lo.

A partir deste acontecimento, teria que conviver também com os psiquiatras, além dos neurologistas, psicólogos, fisioterapeutas e outros colegas da área de saúde.

Vendo os poucos enfeites de casa em pedaços e sentindo-se perder em um vórtice de frustrações, Amelinha orou e chorou até dormir.

Afastada do corpo, inconsciente, foi ter com um espírito iluminado que lhe parecia a Nossa Senhora dos católicos, a mãe de Jesus.

– Filha, não sou Maria, mas sou sua mãe em uma vida passada, que o sono da reencarnação fez esquecer temporariamente.

– Mãe – dizia –, que mal eu fiz a Deus para que ele me punisse com esta carga já tão pesada? Por que o nosso Pai, bondoso e justo, me presenteou com esta criatura que tanto amo e repulso?

– Minha filha – falou-lhe com doçura –, as leis de Deus parecem estranhas aos olhos dos que só vêem a realidade do corpo. Contudo, a vida antecede e sucede o limite entre o berço e o túmulo.

– Como pode haver justiça, espírito iluminado? Sinto que a respeito, mas não consigo compreender a situação em que vivo.

A mãe aconchegou-a ao peito, tal como o fizera há muitos séculos. Dos Anjos começou a recordar-se. Viu seu Davi adulto, belo e poderoso. Nessa vida, ela não era mãe, mas esposa. As riquezas facilitavam-lhe a vida e Davi a cobria de mimos e presentes, mas não lhe ocultava a sede de poder e domínio.

Amelinha, fútil, era inteligente e tornou-se cúmplice, fazendo-se confidente das tramoias e golpes que ele aplicava em pessoas ingênuas, que não tinham condições de enfrentá-lo em suas ações vis.

À frente de instituição bancária, Davi executava propriedades cujas plantações eram incendiadas por pessoas sem moral, contratadas por algumas moedas. O gado morria envenenado e famílias acordavam ao relento após serem despejadas pelos agentes da justiça dos homens.

Cada conquista infame era comemorada com um presente dado a Amelinha e aos filhos que ignoravam suas técnicas de enriquecimento ilícito.

A fortuna triplicou-se em pouco tempo e com ela vieram os ódios e a sede de vingança dos injustiçados.

Mal desencarnou, Davi se viu assediado por vozes e gritos de acusação. Como não fosse inocente, a perturbação foi ganhando tal monta que em breve era vítima de seus antigos espoliados, que, à feição de sanguessugas, se deleitavam com seu sofrimento e incapacidade de reação.

Cem anos passaram-se. Um século de dores e perturbações. Amelinha, já liberta do jugo cruel dos desafetos, rogou ao Pai por Davi, que teve um minuto de paz em meio a décadas de sofrimento.

Ensandecido, mas apoiado pelos afetos, ele pediu a Deus que o libertasse daqueles demônios que o supliciavam no 'inferno'.

Amelinha, então, compreendeu por que sentia tanto amor pelo filho e qual era a sua missão. Entendeu também como não fora Deus quem lhe impusera o sofrimento de Davi, mas seu próprio coração de esposa, tornada mãe pela lei das encarnações sucessivas.

O dia clareou lá fora e o sol entrou pela janela do quarto onde Amelinha adormecera. Ela não se recordava do sonho tumultuado que tivera, mas sentia-se estranhamente bem e revigorada.

A vida continuava e os dias futuros encontrariam uma mãe mais vigorosa e consoladora, não se sabe por quê.

4. O dirigente rigoroso

Sansão Dias era o dirigente da reunião semanal no Centro Espírita Trabalhadores do Amor.

Preocupado com a pureza doutrinária, Sansão foi aos poucos fechando espaços para outros expositores na sua reunião.

– Minha reunião é pública – dizia ao diretor da casa – e conta com pessoas que estão chegando à casa espírita. Um expositor incauto pode colocar ideias incorretas na mente dos noviços, desvirtuando seu desejo de aprender e trazendo a cizânia.

– Sansão – dizia Seu Alves –, há tantos estudiosos na casa! Será possível que ninguém possa falar ao público sob seu ouvido cuidadoso?

– Alves, dirigir é uma grande responsabilidade! Depois de dita, a palavra se espalha como uma fagulha em um rastilho de pólvora. Não posso concordar com essa proposta sem colocar em risco a pureza doutrinária da instituição.

As reuniões das quartas-feiras estavam cheias, mas as pessoas ficavam por algum tempo e depois desapareciam.

As palestras de Sansão eram peças de oratória cuidadosamente preparadas. Podia-se dizer que eram quase obras de arte, mas Sansão não abria espaço para a participação do público.

Aos poucos, as reuniões semanais eram conhecidas como Grupo do Sansão, porque se tornara o centro de tudo o que era visto e ouvido nos preciosos 60 minutos. Havia dias em que Sansão fazia também a prece inicial e a prece final.

Os irmãos de sua casa e de outras casas promoviam eventos com oradores de outras cidades, mas Sansão se devotava tanto ao seu trabalho que foi se afastando e esquecendo-se de divulgar entre os seus.

Isolado, sentia intimamente uma satisfação estranha com as suas palestras. Alimentava-se do olhar de admiração dos frequentadores, mas não lhes oferecia espaço para que pudessem desenvolver suas próprias capacidades.

Alves, que já tinha passado o cargo de diretor, mas continuava com autoridade moral junto às pessoas do grupo, tentava conseguir uma brecha na alma de Sansão, ao mesmo tempo dura e frágil.

– Amigo, lembra-se do Silveira?

– Vagamente.

– Ele tem feito ótimas palestras nas outras casas da nossa cidade.

– Hum!

– E a dona Veroca? Recorda-se de quando chegou aos prantos em nosso grupo por ter sido abandonada pelo marido?

Sansão não lembrava. Sua mente eram só conceitos.

– Ela aprendeu muito com você e hoje é uma liderança importante na cidade de origem, onde abriu um novo núcleo. Ela lhe mandou um abraço, grata pelas suas palestras.

Sansão sorria por dentro, satisfeito, mas mantinha a face pétrea ao comentar:

– Estou apenas cumprindo com a minha tarefa!

– Amigo velho – dizia o Alves –, você notou que as pessoas do seu grupo aprendem muito, mas se tornam trabalhadores nas outras casas? Elas não se envolvem com nossas atividades?

– É o livre-arbítrio – respondia Alves, distante.

O Alves suspirava e mantinha-se reflexivo. Tanto conhecimento doutrinário e tão pouca sensibilidade para com os trabalhadores potenciais do seu grupo.

Sansão foi para casa e dormiu.

Sonhou que havia perdido o seu emprego de anos e que deveria mudar de cidade para aceitar a proposta que manteria o alimento de sua família.

Em uma cidade estranha, ele procurou a única casa espírita disponível e ofereceu seus préstimos.

Os dirigentes receberam-no, simpáticos, mas o encaminharam para uma reunião pública. Não deram espaço para dizer dos anos de trabalho e estudo que trazia consigo. Não pôde falar das palestras tão cuidadosamente preparadas nem dos muitos livros estudados à luz da lâmpada que iluminava as noites do seu quarto. Na verdade, não pôde dizer nada, apenas assentar nos bancos confortáveis do grupo para assistir às reuniões.

Ele trazia no peito a angústia de não poder explicar o grande amor que cultivava pelas letras do espiritismo. Foi recebido com olhares de desconfiança dos que seriam os seus novos companheiros de casa espírita.

A esperança, entretanto, ainda estava viva em seu coração. Aos poucos os membros da casa reconheceriam seu conhecimento e amor ao espiritismo e lhe dariam acesso às tarefas da casa e à tão desejada tribuna. Eles saberiam ver o seu valor, bastava ser paciente.

Assentado, viu então entrar o dirigente da reunião e acordou suarento e com o coração aos saltos. Ele vira a si mesmo.

5. O jovem dividido

Era verão e o sol forte convidava a refrescar-se no clube, deixando semi-esquecidas as obrigações da semana.

Armindo frequentava a Casa Espírita Luz Acima e tinha assumido compromissos, mas a preguiça o prendia à cama e o convidava a esquecer suas responsabilidades voluntárias.

Os pais vieram acordá-lo e convidar para o café-da-manhã em família, mas o jovem se dizia cansado e deixava transparecer o mau humor.

Na intimidade, Armindo achava que a casa e os valores espíritas estavam roubando-lhe os anos alegres da juventude.

– Por que perder a oportunidade de estar com os amigos, sair, curtir a *night*, se no futuro serei adulto e não poderei mais fazer o que quero? – dizia aos pais.

– Mindo, há tempo para tudo – dizia a mãe –, basta se organizar.

– Filho, como espíritas, procuramos dar nossa contribuição pessoal contra a dor, a miséria e a ignorância. Isto é uma disciplina que inserimos em nosso cotidiano ou não fazemos mais.

Armindo comeu em silêncio. Ele ia para a reunião de jovens, que, no Luz Acima, acontecia aos domingos. Em seus pensamentos não cessava o convite de uma jovem e de seus amigos de colégio para irem a um clube da cidade.

Dividido, saiu de casa após dizer aos pais que iria ao centro, mas vestiu um calção de banho por debaixo das roupas.

Chegou ao ponto de ônibus e deixou-se levar pelo pensamento. Achava aborrecidas as reuniões de jovens, mas gostava de um ou outro participante. Não conseguia aproximar-se mais porque estava sempre cansado para as tarefas, pensava. Com esta atitude, não se aproximava das pessoas, ficava meio isolado no grupo.

Incomodado, dividido entre seu grupo religioso e seu grupo de amigos, deixou passar o primeiro ônibus sem dar sinal.

O tempo parou. Ele vivia um conflito. Afinal, ele já não tinha celebrado seus 15 anos? É certo que ainda estudava e dependia dos pais, mas já não era hora de impor-se?

Sem perceber, seu psiquismo era atiçado por uma companhia espiritual pouco simpática. O espírito aproveitava a dúvida, comum na juventude, para deixá-lo em estado de perturbação. Em situação normal, esta dúvida não se transformaria em impasse.

Os pais eram carinhosos, a família não costumava fazer exigências descabidas e não havia qualquer pressão para que Armindo não tivesse amigos fora do círculo espírita.

Seu compromisso não o impedia de estudar e divertir-se, mas a mente se fixava nas sugestões infelizes a que ele dava guarida. As questões estendiam-se.

– Orar por quê? As ciências não provam a eficácia da oração nem do passe – lera em uma lista de discussões na internet.

– A religião é um mal para os homens! Ouvira de um professor de Biologia, adepto das ideias de Dawkins, que buscava prosélitos para certo evolucionismo cético.

O vulto tocava as mãos, invisíveis, no cérebro do jovem, como se pudesse com o ato exterior fazer brotar pensamentos semelhantes aos que ele próprio gerava.

A antipatia surda o prendia àquele jovem, embora não tivesse claras também as motivações que o levavam a insistir em tal ato.

O incômodo foi tamanho que Armindo decidiu parar de pensar em tudo o que lhe vinha à mente e, irritado, dirigiu-se ao centro.

Chegou atrasado à reunião de jovens, mas desligou-se mentalmente de seu perseguidor, que se sentia também enraivecido por não conseguir desestabilizar emocionalmente sua 'presa'.

A palestra corria animada e o expositor falava de Deus. O tema interessou ao jovem porque o expositor estabelecia um diálogo entre os argumentos de Allan Kardec e o agnosticismo ou ateísmo dos novos naturalistas, dentre eles, Dawkins.

Em um momento, Armindo via passar os argumentos apresentados pelo professor, analisados sob a ótica da lógica e das evidências apresentadas pelos espíritos.

Terminada a reunião, ele criou coragem e aproximou-se do expositor, que o acolheu, bem-humorado. Diante da relação de simpatia, Armindo lhe abriu o coração e os conflitos, primeiro falando das questões teóricas e depois das lutas interiores.

O expositor recordou-se da juventude e passou-lhe palavras de ânimo. Explicou que os conflitos são normais e sugeriu-lhe o apoio dos passes, como uma forma de lidar com o mau humor.

O jovem sentiu-se reconfortado.

Passado um ano, ele se sentia mais bem adaptado, convivendo bem melhor com os amigos e a comunidade religiosa.

Licínio, o perseguidor, fora atraído a uma reunião mediúnica e percebeu que nada tinha contra o jovem ou sua família. Ele era usado por desafetos do espiritismo, que percebiam-lhe a fragilidade emocional.

Armindo integrou-se a uma atividade do Luz Acima e começou um namoro com uma jovem da escola, que admirava suas convicções e sua participação nas tarefas espíritas, mesmo não sendo religiosa.

A vida continuava, e levava consigo um jovem que um dia se viu imobilizado entre sua comunidade religiosa e seu grupo social.

6. Raimundo, o questionador

Raimundo Silva foi convidado a uma reunião pública espírita.

Estudioso das letras, muito dedicado aos livros e textos, sentiu-se bem na acolhida que lhe foi dispensada pelos demais membros da casa espírita.

Voltou na semana seguinte e começou a participar dos grupos de estudo e a ler as obras espíritas de autores encarnados e desencarnados.

Hábil leitor, não tardou a amealhar certa cultura em matéria espírita. Havia lido as principais publicações do codificador, dedicou-se aos romances e livros de estudo.

Atraíam-lhe os pontos polêmicos e as contradições. Sentia-se interiormente bem quando gladiava com o expositor da noite, fazendo-o render-se ou calar-se ante a chuva de citações e o uso das palavras incomuns.

Raimundo não tinha intenção de gerar cizânias nos grupos por onde passava, mas deixava-se levar pela vaidade intelectual.

Se as palavras que usava se referiam a ele mesmo como um servo do senhor, suas ações davam a entender que ele se acreditava superior a todos.

No fundo da alma, ele gostava do carinho com que era recebido nos grupos, da amizade franca entre os companheiros de ideal, mas não conseguia refrear os impulsos e acabava afastando as pessoas do seu convívio.

– Lá vem o doutor Raimundo – dizia a dona Joaninha para a amiga, em voz baixa. – Hoje a palestra vai ser quente! – pensava.

– Irmão Raimundo – dirigia-lhe a palavra o Seu Nobre, dirigente da reunião –, todos somos trabalhadores em aprendizagem. Evite as palavras ásperas com os irmãos expositores, que muitas vezes vêm com boa vontade.

Raimundo sorria um risinho superior e dizia, afetado: – Claro, Nobre! O que não posso é me omitir ante os grandes equívocos doutrinários. Afinal, "muito será pedido"...

Após algum tempo, lá estava o Silva à cata de novas vítimas. Ele se deleitava em fazer perguntas obscuras a expositores famosos, escrever textos contundentes em matérias que dividiam opiniões. Tinha um verdadeiro faro para o erro, a contradição e o disse-me-disse.

Assim, cioso de si, viveu de casa em casa. Granjeou inimizades e reticências. Às vezes queixava-se de ser incompreendido e gostava mesmo dos que lisonjeavam sua pretensa erudição, mesmo que fosse apenas uma formalidade.

Veio a experiência da desencarnação e o Silva abandonou as vestes carnais com uma sensação de quase pânico. De tanto arguir, percebeu que não tinha plena convicção da vida após a morte, embora não tivesse coragem de admitir.

Passado o período de perturbação, repleto de vozes em tertúlia, discussões inflamadas, gritos que lhe ofendiam a frágil estrutura perispiritual, Raimundo permitiu-se ser socorrido. Orou a Deus quando recebeu as mãos de luz que lhe suavizavam o pranto e restauravam a paz interior.

Socorrido, viu-se necessitado e frágil, mas tão logo teve as forças parcialmente restabelecidas, voltaram-lhe os condicionamentos anteriores.

Uma tarde, após multiplicar perguntas e questionamentos, o assistente que se dedicava à recuperação espiritual do seu grupo levou-o a uma reunião mediúnica.

Lá pôde rever o irmão Nobre, quase ancião, mas dedicado ao esclarecimento dos espíritos necessitados.

Atraído ao médium, Silva sentiu-se um pouco frágil, mas ainda desejava polemizar.

– Voltei, Nobre, para narrar minha nova experiência e lançar luz sobre os pontos obscuros!

Lúcido, Nobre agradeceu a Deus a oportunidade do reencontro em prece silenciosa.

– A navalha de Ockham[7] – continuava Raimundo – é o nosso principal instrumento de razão.

Nobre, então, diante de um instante de silêncio, indagou-o:

[7] Navalha de Ockham: "princípio bastante influente no positivismo contemporâneo, porém formulado remotamente pelo pensador escolástico inglês Guilherme de Ockham (1300-1349), que recomenda cortes terminológicos e especulativos na atividade filosófica, considerando desnecessária e não econômica a suposição na existência extralinguística de essências ou entidades universais, mais simplesmente compreensíveis como meras convenções verbais" (Fonte: *Dicionário Houaiss*)

– Irmão, já recordou a sua última encarnação?

Silva ficou embaraçado. Ele havia estudado que os espíritos passam por recordações vívidas da existência que finda, mas a perturbação lhe alterara as memórias.

– Não me recordo bem – dizia meio envergonhado.

– Oremos pelo auxílio de irmãos socorristas a lhe intuírem no que for útil a todos – redarguiu Nobre.

Raimundo Silva calou-se. Sentindo-se tartamudo, meio paralisado, foi registrando os fluidos do assistente que o envolviam e alteravam-lhe as percepções.

– Nobre! Vejo um terreno todo rasgado pelo arado. A terra parece seca. É como se tivesse passado a estação das chuvas e não se houvesse feito nenhuma semeadura. O arado está meio distante. A lâmina parece afiada, mas o corpo dele já está coberto de ferrugem.

Assustado, continuava: – Vejo esta terra rasgada e seca de horizonte a horizonte, o que isto significa?

Nobre pediu que ele se concentrasse na imagem, e logo Silva divisou letras esculpidas no arado. Aproximou-se dele, sob orientação, e leu, com voz trêmula: "Navalha de Ockham".

A imagem forte fez Raimundo Silva calar-se de vez. Ele havia arado a terra, mas não jogou nenhuma semente nem cuidou do crescimento da plantação. Não haveria colheita, pensava. Toda a população que dividia os hectares de terra a ser plantada mudou-se para longe, em busca de tempos melhores.

Depois de muitos anos de convivência, ele agradeceu a Nobre o auxílio e, já se desvencilhando do médium, repetiu ao espírito que o assistia:

– Amigo. Eis aqui o seu servo. Faça-se a vontade de Deus e não a minha.

7. A sopa comunitária

– Estou cansado! – dizia Antônio. – Ninguém colabora com os meus esforços de vivenciar a doutrina!

Quase choroso, meio esgotado, Antônio da Silva Só dialogava com um amigo, trabalhador da mesma casa espírita que frequentava há anos.

Silva Só era cheio de projetos. Pensava que todos eram muito quietos, sem compromisso com a melhora do mundo e a divulgação da doutrina espírita.

Rafael escutava pacientemente.

– Veja só, lembra quando cheguei à casa? Tanto espaço físico e as pessoas não se sensibilizavam para a realização de uma sopa para os necessitados.

– Mas o que aconteceu, Antônio?

– Eu conversei com o coordenador dos trabalhos e disse que a sopa era indispensável e inadiável. Indiferente, ele me respondeu que a obra era meritória, mas que era necessário assegurar os recursos financeiros e humanos para que o trabalho cumprisse o seu objetivo.

Rafael calou-se um pouco. Como ele diria ao amigo que a posição do coordenador parecia sensata?

– Não bastasse o que foi dito, refletiu comigo se a sopa seria a melhor opção para realizar esforços nos dias de hoje. "Como assim?", respondi, "Jesus não convidou seus discípulos a dar pão a quem tem fome?"

Tomando coragem, finalmente Rafael afirmou:

– Antônio, há muitas formas de fome e de sede. Qual é a maior necessidade dos homens nos dias de hoje?

– Filosofias, filosofias... – replicou, num rompante, Silva Só. – Enquanto filosofamos, milhares de pessoas morrem de fome no mundo.

Paciente, Rafael retrocedeu.

– E o que você fez?

– Eu peguei a minha cruz e dispus-me a seguir Jesus. Procurei alguns comerciantes para que me doassem os alimentos perecíveis que pudessem ainda ser aproveitados, depois de descartadas as partes perdidas. Seu João pediu que eu formasse um grupo de voluntários para efetuar meu projeto, então fui recrutá-los nas reuniões da casa.

– E você formou uma equipe?

– Não era bem uma equipe. Alguns jovens gostaram das minhas ideias e resolveram me ajudar. Uma senhora mais idosa, que sabia cozinhar, ficou de nos ensinar a preparar a sopa e perguntou quem daria os temperos.

– Temperos, gás, luz elétrica, instalações, pratos, talheres, material de limpeza... Você não pensou nisso?

– Confesso que não. Então pensamos em fazer uma campanha para conseguir o material. Conversei com o Neves, diretor da casa, para ver se não obtinha uma cozinha industrial para nós.

– Ah, disse Rafael, admirado. Seu Neves é um homem resoluto e atuante. O que ele lhe respondeu?

– Quase a mesma coisa que o sr. João. Ele perguntou se eu tinha equipe de voluntários, recursos para a manutenção da tarefa. Perguntou também se eu já havia conversado com a população que seria atendida.

– E conversou?

– Para quê? Eu achei que ele estava criando barreiras, impedimentos para não me ajudar.

– Antônio, que paranoia!

– Eu penso que o Neves tem falta de fé. Disse a ele que, se abrisse o trabalho, os necessitados viriam.

– E...?

– Ele concordou, mas perguntou por quanto tempo eles continuariam a ser atendidos e como eu pretendia promovê-los para que eles deixassem de precisar da sopa e melhorar de vida.

– E você já havia pensado nisso, não é?

– Não. Acho que naquele momento o Neves foi invigilante, médium das trevas.

– Mas, Antônio, o Neves não cedeu espaço e adquiriu um fogão industrial para o seu trabalho, após conversar com os outros dirigentes?

– Deu, deu... mas eu só consegui dinheiro para pagar o gás e os temperos durante um mês. Com a campanha, consegui alguns pratos velhos e talheres usados. As pessoas são tão mesquinhas...

– Então você desistiu?

– Não, meus guias me davam força e eu e meus dois amigos marcamos o dia para a sopa.

– E a experiência foi boa?

– Foi meio esquisita. Graças à dona Maroca a sopa ficou pronta, porque não sabíamos fazer direito. Você acredita que começaram a aparecer moradores de rua, necessitados, bêbados e eles reclamaram da sopa?

– Antônio, o que você esperava?

– Pensei que fossem mostrar um pouco de gratidão! Na outra semana aumentaram as pessoas interessadas na sopa. Dona Maroca explicou que tinha outros compromissos e que precisava que assumíssemos a cozinha. O Henrique disse que precisava parar por causa dos estudos e apenas o Altamiro e eu não tínhamos condições nem recursos para levar o trabalho adiante.

"Eu passei novamente nas reuniões, mas as pessoas não se interessaram. Você vê como é o individualismo de hoje!"

– Então o trabalho foi interrompido no nascedouro.

– É, acho que o centro não está preparado para as minhas ideias, inspiradas em Jesus, é claro!

– E agora, Toninho?

– Não desistirei! – dizia ele com o olhar distante, com um brilho estranho. – Tenho um novo plano!

Rafael calou-se, assustado. Despediu-se de Silva Só e o deixou com os seus novos interesses, temeroso de ser envolvido em um novo projeto de um homem só.

8. Temerosa, a médium

Dona Temerosa foi levada por dona Próspera à reunião mediúnica. Em princípio, ela não desejava o intercâmbio com os espíritos.

– Meu trabalho é outro. Nada tenho a ver com a prática mediúnica.

Nas primeiras reuniões vieram-lhe ideias desconexas, mas persistentes.

A iniciante havia estudado o espiritismo por muitos anos, desde a juventude. Conhecia as páginas psicografadas de Fernando de Lacerda, os casos de lucidez mediúnica de Chico Xavier, as histórias de comunicações em público de Divaldo Franco e as materializações atestadas por pesquisadores europeus.

As faculdades incipientes da senhora eram próprias de uma pessoa com a capacidade latente do intercâmbio, que se desenvolveriam com o tempo, após prática constante e dedicação.

No entanto, ela não soltava nenhuma palavra.

– A senhora percebeu algo durante a reunião? – questionava-lhe Heitor, o dirigente.

– Não, senhor. Nadinha.

A espiritualidade era benevolente com a médium. Um dia aproximavam-lhe a mãezinha já falecida. No outro traziam-lhe um espírito ligado a ela por muitos anos. Em uma terceira reunião, tentavam fazer com que ela registrasse as palavras e sugestões de seu mentor espiritual.

Temerosa era resistente a todas as influências. Calava-se, ficava muda. Temia tanto o animismo e criticava tanto a si mesma que não se permitia fazer nada.

Heitor, intuindo a existência de alguma sensibilidade, mas cuidadoso com as instruções, orientava-a a dizer em voz baixa o que lhe vinha à mente durante a reunião.

– Heitor, meu amigo. Tenho muito pouca sensibilidade. Vêm-me à mente palavras desconexas, recordações de familiares, até imaginei outro dia que um espírito iluminado tentava comunicar-se. Veja bem se é possível algo assim para uma frequentadora pequenina como eu...

Presa à ideia fixa do animismo, Temerosa funcionava como uma dissipadora das influências espirituais.

Como não se concentrava, não dava vazão às sugestões mediúnicas que lhe assaltavam a mente. Começou a sentir-se mal durante os trabalhos.

– Para crer, seria tão bom se eu pudesse ver nitidamente um espírito, ouvir claramente assim como grandes médiuns! – lamentava-se Temerosa.

As reuniões sucediam-se e a senhora continuava na defensiva. Suava, às vezes, tamanho o esforço para

Preocupada com a possibilidade de sofrer o animismo, Temerosa impedia qualquer manifestação espiritual na reunião mediúnica.

afastar de sua mente aqueles "impulsos perturbadores". Fatigada após 15 ou 20 minutos de luta interior, ela abria os olhos, passava o lencinho de seda na fronte e desligava-se dos trabalhos.

– Melhor recusar nove verdades, citava o codificador.

Temerosa havia se comprometido com a tarefa do atendimento aos espíritos sofredores. Medo e culpa invadiam-lhe as noites de sonhos. Às vezes acordava com a nítida impressão de ouvir uma voz que lhe pedia socorro, outras vezes despertava no meio da noite com a impressão de que era perseguida.

A mãezinha, certa feita, conseguiu vencer a barreira de ansiedades e temores e lhe disse, durante o sono:

– Minha filha, seja mais flexível durante as reuniões mediúnicas. Permita-se transmitir inicialmente uma palavra, uma frase, até que seu psiquismo se torne mais dócil às comunicações.

Temerosa, tocada, acordou imediatamente, mas as recordações da experiência, alteradas pelas defesas psíquicas, fizeram-lhe recordar da mãe em um ambiente estranho, repleto de pessoas em sofrimento.

– Meu Deus! Será que esta história de mediunidade está me deixando louca?

A médium faltou naquela semana e seu mentor decidiu afastar-se.

– É inútil incentivar quem definitivamente não deseja o intercâmbio. Deixemo-la até que volte a manifestar interesse nas atividades mediúnicas. Acompanhá-la-emos como a qualquer trabalhador da seara do Cristo.

Temerosa começou a crer que aqueles escritos sobre loucura e mediunidade, produzidos pelos adversários do espiritismo, podiam ter um fundo de razão.

Pediu umas férias da reunião, fez uma viagem longa até restabelecer sua confiança na inexistência das faculdades.

Voltou ao grupo. Não desejava afastar-se. Então pediu para aplicar passes, o que a desligava de suas percepções.

Alguns espíritos ligados a ela comunicavam-se e diziam por outros médiuns que ela estava fugindo de suas responsabilidades.

– Devo ter sido muito cruel nas encarnações passadas, dizia ela aos colegas, mas não associava o conteúdo com o compromisso atual.

Com o tempo Temerosa foi achando tediosos os trabalhos mediúnicos. Infrequente, foi se convencendo de que aquele não era seu trabalho. Os sonhos escasseavam-se e, por fim, ela comunicou a Heitor sua decisão final de partir para outros encargos.

– Eu sabia desde o começo que não dava para a mediunidade.

Temerosa desligou-se das reuniões e comunicações. Voltou-se para outros interesses. Não ficou perturbada, apenas temerosa.

9. Transformações de Ana Renata

Meia-noite e o som festivo incomodava algum transeunte da região da cidade em que a juventude se encontrava para a balada.

Luzes estroboscópicas, ritmos diversos, perfumes, batons e roupas chamativas marcavam o ambiente. A moçada fazia performances às vezes individuais, às vezes coletivas no meio de um salão cercado de mesas com copos repletos de *drinks* coloridos.

Entrava a madrugada e Ana Renata dançava e lançava olhares, torpedos e gestos provocantes para os rapazes que, entusiasmados, tentavam impressioná-la das formas mais diversas.

A *night* era uma espécie de grito de liberdade que a jovem direcionava contra sua família.

Pais cristãos, zelosos com os valores que cultivavam semanalmente no meio evangélico que frequentavam, não foram poucas as vezes em que entraram em discussões nas quais o tom de voz se alterava e quase chegaram às vias de fato.

Jovem e bonita, Ana havia estudado em um colégio de pessoas de boas condições financeiras, graças ao sacrifício dos pais que desejavam para ela e para os seus irmãos um futuro menos penoso.

Filha de comerciantes honestos e relativamente bem sucedidos, de instrução limitada mas enorme experiência de vida, Renata deixou-se levar pela vaidade de saber coisas que seus pais não sabiam e, imatura, dava maior atenção às palavras dos colegas que às dos familiares.

A entrada no ensino superior só fê-la sentir-se mais adulta e capaz, embora ainda dependesse financeiramente dos pais.

Aos poucos, Ana Renata afastou-se do núcleo religioso de sua família, alegando necessitar de tempo para estudar.

Ela foi se envolvendo com visitas às casas dos colegas, mais luxuosas que a sua. Sentia-se menor que eles e superior aos pais, louca de vontade de ser aceita e de poder desfilar com eles na turma da faculdade.

Embora apresentasse um corpo quase escultural e uma bela cabeleira castanha, com grandes e belos olhos em um rosto de feições europeias, ela se sentia feia e pouco desejada, por causa dos comentários maldosos das colegas que a invejavam e a consideravam uma adversária.

O namorado da universidade levou-a para as festas e boates, mas não se sentia à vontade com a família da moça, porque, no fundo, era apenas mais uma conquista, uma aventura, o que não passava despercebido aos olhos argutos do sr. Fernando.

Aos poucos ela se afastava do lar e se envolvia mais e mais com os amigos do namorado. Ela o idealizava e, inexperiente, acreditava no relacionamento que ele estava longe de desejar.

Ao universitário, Ana Renata era uma aposta que havia feito com os colegas. Significava apenas mais uma marca na sequência de troféus que mostrava aos outros, infantil, exibindo sua masculinidade incerta.

Ana se deixou levar para o mundo das luzes e dos copos brilhantes e, magoada, quando foi abandonada e trocada por outra jovem de cabelos louros e olhos azuis, ainda assim continuou no mundo da diversão universitária e distante do mundo familiar.

Sua casa era um lugar de se chegar após altas horas, dormir, fazer uma refeição, brigar e sair.

Órfã por vontade própria, escolheu diversos parceiros que não a valorizavam, talvez pelo desvalor que ela própria se atribuía.

Um dia acordou muito perturbada. Ia mal nos estudos, mal na vida amorosa e familiar e incapaz de sair da situação que criara. Parecia um pequeno felino que, brincando com um novelo de lã, acabou enredado por seu objeto de diversão.

Insatisfeita, porém orgulhosa, logo ficou deprimida.

O morbo psíquico drenava-lhe as forças e a vontade, perturbando-lhe a vida.

Afastada do grupo religioso dos pais, recusava-se a receber seus antigos amigos, pastores e outras almas generosas que se dispunham a recebê-la, a procurá-la, para dar-lhe um conforto espiritual.

O destino, este voluntarioso, reservou-lhe um outro par de olhos masculinos, que se encantou com sua beleza e com seu ar meio frágil e meio decidido.

Humberto, acadêmico de medicina, contudo, era espírita e frequentava um pequeno núcleo que tinha por dístico o estudo e o trabalho.

Após um encontro, mesmo percebendo as dificuldades que Renata enfrentava, eles foram se enamorando. Humberto não gostava dos ambientes eletrônicos que Ana Renata frequentava e ela aceitou sair com ele para lugares mais amenos.

Em pouco tempo, abandônica, quis saber como era o lugar para o qual o namorado dedicava as noites de terça-feira e suas manhãs de sábado.

Apesar dos rígidos preconceitos, alimentados na infância e na adolescência, Ana Renata resolveu conhecer onde estava aquele rapaz diferente que a intrigava tanto.

Numa manhã de sábado, ela telefonou de inopino e pediu-lhe que a levasse na casa espírita. Ela encontrou lá uma grande fila de pessoas carentes em busca de alimento para o corpo e para a alma. Jovens e adultos mesclavam-se em atividades diversas e em frentes de trabalho e socorro. Ela foi recebida como irmã, embora estivesse vestida de forma imprópria para a atividade.

Todos foram muito amáveis e ela viu acender dentro de sua alma uma luz que, havia muito, estava abafada.

Dona Laura convidou-a a receber o passe dispensado aos necessitados e ela não conseguiu conter as lágrimas que romperam e umedeceram sua face.

Passado um ano, Renata havia rompido com Humberto, mas redescobrira sua família espiritual e, apesar das diferenças, reatara os laços e o respeito por sua família terrestre, que aprendeu a amar e respeitar.

10. Serafim, o ancião

Cabelos brancos pelos muitos anos de vida, Serafim não se aguentava de angústia. Ele rememorava as experiências vividas nos centros espíritas que frequentara.

Quantos lugares, quantas passagens! Serafim conheceu o espiritismo já em idade adulta. Passou por problemas que o levaram a procurar uma casa espírita.

Beneficiou-se dos passes e orientações espirituais. Assistiu a cursos introdutórios e frequentou reuniões públicas.

Como a primeira casa era pequena, recebeu convites e vinculou-se temporariamente a um trabalho e outro, mas não dava continuidade.

Campanha do quilo, promoção social, estudos, palestras, direção de reuniões públicas, cargos administrativos... Todos se enfileiravam pela memória já prejudicada pelos anos.

Até mesmo os livros, Serafim iniciava sua leitura e a interrompia. Seu conhecimento era uma colcha de retalhos, sem conexões.

Nas reuniões públicas participava com comentários de oitiva, do tipo "um espírito falou", "em um dos livros do Chico, não sei dizer qual", "ouvi um expositor dizer"...

Intimamente, havia uma insatisfação, uma angústia que o imobilizava. Ele questionava as tarefas, as reuniões, as perguntas, mas não conversava com ninguém. Suas dúvidas e incertezas o bloqueavam.

Assim se passaram os anos e Serafim não entrava nem saía.

A disciplina dos trabalhos, os pequenos conflitos, as insatisfações, um olhar arredio eram suficientes para fazê-lo parar e desistir.

Ancião, ele recordava os tempos idos e encontrou uma pasta com comunicações espirituais, escritas em papel amarelo.

Serafim as relia e aos poucos encontrava um tênue fio de ouro, uma temática repetitiva que se somava às múltiplas recordações de conversas com amigos e colegas das sociedades espíritas.

– Paciência, meu irmão! – dizia uma mensagem de um coordenador espiritual de grupo mediúnico.

– Coragem! – dizia outro. – Segue em frente!

– Meu filho – dizia uma ex-escrava –, para dar frutos a planta tem que começar semente, sentir a água que lhe amolece a casca dura e sofrer para lançar raízes rumo à terra e tronco em direção do sol. Se ela não suportar as chuvas e os períodos de estiagem, os parasitas, os vermes e as aves, nunca florescerá nem frutificará.

Nas diferentes épocas da vida em que ele buscou orientação, diretrizes, estas palavras lhe pareciam vazias, genéricas, sem sentido.

Serafim recordou que ele nunca as criticava. Recebia-as silencioso, agradecia educado e não se continha em seu corpo, inquieto, insatisfeito.

Com cabelos de prata, Serafim lamentava-se. Por que abandonara o grupo de gestantes, para o qual dedicava horas de ensino e cuidado? Uma dúvida.

Por que deixara as palestras nos centros espíritas que tanto agradavam os frequentadores? Não se achava digno.

Por que abandonara o grupo mediúnico? Não concordava com uma regra ou não simpatizara com uma pessoa.

E o trabalho com crianças do morro? Não via compromisso por parte dos pais.

Cada uma das portas abertas ao longo de sua vida foi fechada por ele próprio.

Nas memórias, um sentimento de incompletude.

Desencarnaria assim? Árvore estéril em matéria de trabalho espírita? Então encontrou um pequeno papel amarelo, esquecido e jogado em sua caixa de mensagens que lhe dizia:

– Serafim, nunca é tarde para recomeçar! Tem perseverança e confia em Deus.

Naquela noite de lágrimas, Serafim modificou-se e escolheu uma tarefa que levou a cabo até que viesse o momento da grande viagem.

11. Migrantes

José Ribeiro sofreu muitos reveses na vida. Filho de pessoas simples e trabalhadoras, passou os primeiros anos da infância na roça e casou-se cedo com Mariquinha.

Insatisfeito com a vida que levava e desejoso de ter um futuro melhor, ele resolveu mudar-se para um grande centro.

Deixou os pais na roça e conseguiu, através de amigos, uma colocação na construção civil. Juntou uns trocados e trouxe a mulher e os filhos pequenos para morar em um casebre de periferia de cidade grande.

Tudo parecia estar andando bem, até que veio a recessão, terminou-se a primeira obra e escassearam os trabalhos.

Ribeiro começou a viver de bicos e faltou comida em casa pela primeira vez.

Para superar as dificuldades, Mariquinha buscou ajuda na Igreja, com os vizinhos, e acabou batendo na porta de um centro espírita por indicação de uma amiga.

Ribeiro saía de casa depois de acordar, tomava um copo de cachaça e ia procurar as obras que conhecia para saber se havia algum trabalho. Diante das negativas foi ficando desanimado e começou a usar o pouco dinheiro que ganhava com um ou outro serviço para tomar a sua branquinha no final do dia de procura.

Mariquinha conseguiu ser fichada no centro e, uma vez por mês, ganhava uma cesta de alimentos que ajudava a mitigar a miséria e a fome. Ela ia às reuniões de distribuição e lá podia se desligar um pouco da dureza da vida exigente da comunidade em que vivia.

A dona de casa não entendia direito o que falavam os instrutores do centro. De vez em quando ela ouvia alguma história evangélica ou bíblica que a fazia lembrar dos tempos de infância, ainda na roça, quando ela ia ver o padre João aos domingos, dia de missa. Aquilo e a conversa das vizinhas a distraíam e davam algum conforto para sua alma.

José ia ficando cada dia mais ausente, mais dependente da bebida e menos capaz para o trabalho. Ele não gostava do lugar a que ia sua mulher, porque pensava que o centro espírita era a casa do diabo e as pessoas de bem não deviam mexer com "essas coisas", contudo, como ele não conseguia colocar comida em casa e os filhos tinham acesso a outras coisas como livros, cadernos e agasalhos, ele parou de ranhetar com a mulher e ficou indiferente.

Mariquinha achava tudo esquisito ali na casa espírita. Ficou morrendo de medo quando falaram em aplicação de passes. Viu as amigas indo para uma sala semi-iluminada e disse consigo mesma:

– Valei-me, minha Nossa Senhora!

Os jovens que a receberam falaram em energias boas e em outras coisas que ela não sabia o que era. Ela assentou na cadeira, cruzou forte os braços sobre o peito e começou a rezar mentalmente uma "salve-rainha", morrendo de medo de os mortos aparecerem ou de acontecer alguma coisa ruim com ela.

Passou o tempo e Mariquinha se acostumou com as práticas no centro espírita. Ela ficou menos tensa e até sentia uma sensação agradável, de paz, um arrepio que vinha das mãos que subiam e desciam em silêncio, sem tocá-la.

Como Ribeiro piorasse, ela aceitou um trabalho em casa de família. Nos últimos meses, ele não conseguia colocar nem um centavo em casa. Toda a comida e os cuidados com os filhos eram fruto do seu trabalho e da amizade com as vizinhas que a ajudavam com os filhos em troca de algumas moedas, quando ela saía para trabalhar.

Surgiu um bico para ela um dia e, apesar de gostar muito de ir, ela pediu ao marido que fosse em seu lugar buscar a cesta e participar da reunião.

– Quem sabe tomando uns passes esse homem não pára de beber e não consegue um emprego – pensava.

O dia não foi melhor que os outros. Ribeiro tomou sua cachaça, passou na porta do boteco e encontrou os amigos, tomou mais algumas e passou a exalar o cheiro característico da aguardente. Como ele chegou muito atrasado e alcoolizado, não foi permitido seu acesso à reunião e ele não ganhou a cesta.

Mariquinha ficou aos prantos. Procurou dona Laura, sua patroa, e pediu um adiantamento de salário, porque, em sua vida regrada, não havia como alimentar os filhos sem a cesta e sem dinheiro.

Dona Laura trabalhava no centro espírita que assistia Maria e era uma pessoa vivida. Ouvindo a história e vendo a dificuldade da auxiliar com o marido, resolveu visitá-la com alguns mantimentos e constatou a dificuldade que aquela família enfrentava.

Laura levou o problema para uma reunião administrativa do centro e os dirigentes resolveram criar um novo trabalho, que atendesse o público masculino da comunidade.

Eles criaram um curso de qualificação profissional no seu quadro de atividades.

Mariquinha levou a notícia ao Ribeiro e convenceu-o de que, com o curso, ele poderia ter mais chance de conseguir o trabalho tão almejado. Zé engoliu seus preconceitos e se inscreveu no curso, de cara limpa.

No início não foi fácil. O marido de Laura disse a ele que, para aprender, não poderia beber nos dias de aula, e eles distribuíam um café da manhã para os participantes, diga-se de passagem, com um café bem forte. Zé Ribeiro assistia às aulas, que eram dinâmicas, muito práticas, e às palestras do psicólogo voluntário que falava de coisas de comportamento para os alunos do curso.

– Para conseguir um emprego, ninguém precisa de terno e gravata, mas tem que se apresentar bem, limpo, de banho tomado, barba feita e roupa limpa. É o que chamam de boa aparência.

Ribeiro ouvia aquelas palestras e elas calavam fundo. Não é que ele agia diferente, como se estivesse na roça, e ia com a roupa da labuta procurar emprego?

Aos poucos ele esqueceu dos seus preconceitos com os espíritas e passou a respeitar aquelas pessoas, principalmente quando procuraram os alunos do curso e ele foi um dos escolhidos para trabalhar em uma nova obra, em um posto um pouco mais qualificado que o de servente de obras. Ele resolveu que iria continuar com o curso, porque, na sua profissão, as coisas podiam mudar da noite para o dia e o 'diploma' podia fazer diferença. O psicólogo explicou à turma que eles deviam estar sempre procurando estudar e melhorar-se para poder conseguir empregos melhores.

Zé Ribeiro lembrou-se de seu pai, que nunca explicou estas coisas para ele. Ele sempre havia aprendido a fazer as coisas fazendo e seguindo as instruções do pai na vida campesina.

O que aconteceu com Zé Ribeiro e Mariquinha?

Aqui encerra a história o seu narrador, que não tem o poder de prever o futuro. Zé ainda frequenta o curso e luta para tomar sua cachaça só nos finais de semana. Mariquinha continua sua vida de dedicação e trabalho, mas ainda não aprendeu onde procurar uma forma de crescer profissionalmente. Os filhos estudam em escola pública, mas continuam sem apoio dos pais e com medo de perderem o ano, tal é a dificuldade com o ensino e a falta de apoio escolar.

Trabalhemos e oremos todos pela família de José Ribeiro para que seu futuro seja mais venturoso que o presente.

12. O mundo de Josenildo

Casa cheia. Josenildo assistia entusiasmado à palestra de um grande conferencista espírita, vindo da antiga capital do império. Ele ensinava a doutrina e cantava o *Evangelho*. Josenildo observava com admiração e uma ponta de inveja.

Adulto, Josenildo frequentava o centro de dona Verinha, a tia que o havia levado ainda jovem, com a autorização dos pais.

Seu Raimundo, pai de Josenildo, preocupava-se com o filho que não estudava, gostava das farras e noitadas e via na iniciativa de Verinha a última chance de colocar-se algo na cabeça do "menino".

Josenildo assistia às reuniões, era simpático com todos, mas fugia sempre que lhe era feito um convite.

– Josenildo, que tal a campanha do quilo?

– Outra hora! Já tenho um compromisso.

– Nildo, por que você não faz um curso de passes?

– Quem sou eu, minha irmã! Sou ainda muito imperfeito para me dedicar a tarefa de tal envergadura!

E, convite a convite, ele foi se tornando adulto no centro; assistia às reuniões, infrequente, e levava sua vida meio boêmia.

Verinha, mesmo sabendo das limitações do sobrinho, conversava com ele, pedia que não deixasse para depois a oportunidade de engajar-se nas atividades e de se envolver com a equipe da casa espírita, mas o sobrinho escapava-lhe entre os dedos.

Interesse mesmo ele tinha pelas belas jovens frequentadoras, mas ocorria uma coisa curiosa em seu psiquismo. Ele as via como mulheres sérias, aquelas com as quais se casa, e se achava novo para envolver-se com alguém porque queria aproveitar a vida.

Chamava-lhe a atenção a Rosa, moça meiga mas de gênio forte e decidida.

Em princípio não agradaram à Rosa os hábitos e caprichos do sobrinho de Verinha. Ele, percebendo as dificuldades com a bela moça, foi se moldando ao espírito da casa com a intenção de conquistá-la.

Os pais de Josenildo pensaram que a história de ir ao centro espírita, afinal de contas, estava fazendo bem ao filho, que ele resolvera por fim se ajuizar. Ele aceitou uma tarefa para ficar mais próximo de Rosa e sempre tentava insinuar-se para a moça.

Josenildo era avesso aos livros, mas resolveu aceitar o convite de Verinha de ler e comentar *O Livro dos Espíritos* nas reuniões públicas.

Inseguro, ele mal preparava seu trabalho, lia às pressas as perguntas e adotou uma tática curiosa. Ele lia em voz alta as perguntas aos presentes e quase sempre os fustigava com as respostas. Josenildo era incapaz de uma compreensão mais profunda dos diálogos do Codificador com os espíritos.

Tempos depois, Josenildo casou-se com Rosa e aos poucos foi se afastando das tarefas do centro e dos estudos públicos, alegando novas responsabilidades com a família recém-formada.

Rosa ficou encantada com o noivo, mas começou a notar as diferenças de comportamento do marido, que desposou após alguns meses de namoro. Josenildo tinha um trabalho, fruto das influências de seu pai, mas não se dedicava, deixando parte das despesas da casa a encargo da esposinha, que também trabalhava, recém-formada.

– Nildo – ela dizia, carinhosa –, como foi o dia de trabalho?

– Bem, amor – respondia, reticente. – Vou sair após o jantar para tentar uma venda que ficou pendente.

Na verdade, passado o encanto, o sobrinho da dirigente voltou às noitadas com os colegas. Ele sentia-se reconhecido, apreciado quando conquistava alguém. Achava-se poderoso quando contava vantagens para os outros.

O tempo deixou-o descuidado, e Rosa sentia os odores de álcool e perfume nas roupas amassadas.

O relacionamento foi ficando conturbado, difícil, e Josenildo se afastava da família e da casa espírita.

Rosa foi pensando que estava em um casamento de provação e resolveu fazer vista grossa aos defeitos do marido, na esperança de que o tratando com carinho ele se modificaria.

Tiveram filhos, e o relacionamento não melhorava.

Rosa sentia-se no limite das forças, continuava no centro e confessou a uma amiga as dificuldades que sofria. Ela praticamente sustentava a casa e Josenildo mudava de emprego em emprego e nunca cumpria com sua parte no pacto nupcial, porque usava todos os seus recursos com suas roupas, seus sapatos, os agrados que pagava aos amigos desejando projetar uma imagem de homem de sucesso.

Josenildo era um personagem, ou melhor, representava um personagem com tal perícia que ele próprio acreditava nas mentiras que inventava aos outros.

Com muito custo, Verinha conseguiu levá-lo à palestra do conferencista. Era algo novo para Josenildo. Acostumado às reuniões públicas, viu a casa encher-se de espíritas entusiasmados, desejosos de ouvir o expositor. O homem falava com a alma e tocava a todos.

Nildo resolveu, após a palestra, abraçar o novo conhecido e passou a imitar-lhe os modos.

Voltou às palestras e agora falava com os trejeitos do expositor estrangeiro. O público espantou-se a princípio e recolheu-se a seguir, porque algo soava falso e incongruente na sua forma de agir.

Verinha e os demais dirigentes chamaram-lhe a atenção. Não estaria imitando o confrade, repetindo-lhe as palestras, mas sem o domínio do conteúdo?

Aquilo o ofendeu. Josenildo sentiu-se subestimado pelos dirigentes da casa. Deu um sorriso amarelo, largou o centro e, anos depois, a família.

Seguiu a vida sozinho, iludindo-se e aos que contracenavam com ele no papel de coadjuvantes e admiradores de suas supostas grandezas, voltando ao mundo do qual nunca conseguiu realmente sair.

13. Alexander, o pesquisador

Quem olhasse pela janela veria a nevasca, que se fazia ouvir nas portas e janelas, barulhentas.

No ambiente aquecido por uma lareira, um homem de barba espessa e fios prateados aquecia-se com o auxílio de um samovar e uma bebida quente.

Ele se reunia com amigos, na verdade, conhecidos, para conversar sobre os fenômenos psíquicos que aconteciam com uma jovem do povo.

Há dezenas de anos ele se interessara pelos estudos das mesas girantes e pelos chamados médiuns.

Suas observações e relatos, baseados em revisões e comunicações de colegas ilustres de outros países da Europa, foram mal recebidos pelos seus conterrâneos.

Alexander era um homem de gênio forte e decidido, e não se intimidava ante as críticas e zombarias.

Ele trabalhava em um livro no qual discutiria com seus adversários a teoria do inconsciente, proposta pela filosofia alemã como alternativa às hipóteses espiritualistas.

Durante esse tempo, Alexander já viajara e recebera convidados interessados na nova ciência.

De origens cristãs, embora ocultasse o tema, dada a profunda resistência nos meios acadêmicos, ele entrevia um caminho de ligação entre o conhecimento científico e o conhecimento moral, veiculado pela religião, a partir da metodologia da observação e da razão, contudo esta era uma inspiração secreta, conhecida apenas por algumas pessoas que privavam da sua intimidade.

Na vida pública, Alexander comunicava apenas o que via: materializações, fenômenos de vozes diretas, desmaterializações de corpos, escritas em línguas desconhecidas pela pessoa que se dizia intermediária, escritos sobre os mais diversos temas, relatos sobre a vida após a vida.

Era uma experiência diferente do cotidiano, das intrigas dos órgãos públicos mantidos pelo império, da luta pela sobrevivência de uma multidão de camponeses que agora penavam as agruras do inverno.

Ele sentia-se em uma terra esquecida por Deus para as massas, oprimidas por uma elite indiferente ao futuro das crianças que nasciam nas famílias de seus serviçais.

A filosofia e o conhecimento eram o privilégio de poucos e seus interlocutores nada diziam da vida sofrida dos filhos de sua pátria.

A mediunidade era mais uma manifestação, um modismo que surgira em meio à ignorância e à miséria, considerada uma crença mística, fruto das perturbações do íntimo dos pequeninos para enfrentar as longas noites de inverno, povoadas de mitos, fantasias e pesadelos. Só a vida após a morte, diziam, poderia consolar o populacho.

Alexander, contudo, conhecera pessoas vivazes, inteligentes, cheias de vida e amores, em meio ao povo. Jovens e adultos, nobres e artesãos, pessoas dos mais diferentes perfis e origens, até mesmo nobres, assistiram e testemunharam o intercâmbio espiritual.

O sábio contava com a simpatia da nobreza, mas suas teorias e anotações eram vistas como esquisitices próprias das pessoas de gênio.

Naquela noite, ele meditava sobre seus trabalhos solitários, quando a jovem adolescente obteve pela escrita:

> "Sábio, não se inquiete com o futuro de suas ideias. As verdades acompanham o desenvolvimento dos seres humanos.
>
> Os tempos passarão e com eles virá uma sociedade mais justa, com pessoas mais ilustradas e cultas. Se o que hoje você escreve não for ouvido e for esquecido, seus descendentes farão recordar a todos. Não se inquiete pelo que pensam os homens. Continue com suas atividades."

A nevasca já cessava, mas o vento e o frio insistiam em fazer trepidar portas e janelas. O fogo crepitava na lareira e, após a leitura, houve silêncio na sala.

Os anos seguiram-se e com eles as páginas, registros e relatos do estranho intercâmbio com o mundo dos espíritos.

A Europa encheu-se de sangue e morticínio, reinos caíram e novos regimes surgiram, levando ao esquecimento o trabalho deste homem que ainda hoje aguarda que lhe resgatem as muitas horas de dedicação ao conhecimento das fronteiras do saber humano.

14. O orador invigilante

Oliveira era um expositor conhecido em sua região e fazia viagens constantemente divulgando o espiritismo cristão.

Verbo fácil, combinava clareza de explicações com histórias temperadas pela emoção que alternava entre a comoção e o riso.

Após alguns anos, organizou sua agenda de forma a atender os convites de um grande número de casas das cidades que conheciam o seu trabalho.

Tal era a simpatia irradiada por ele que, logo, alguns confrades começaram a imaginar tratar-se de um espírito superior.

Dona Clarinha dizia:

– Ouvi falar que ele foi ministro do Esclarecimento em Nosso Lar![8]

Seu Euzébio completava:

---

[8] O espírito faz menção ao nome de uma colônia espiritual descrita pelo espírito André Luiz no livro *Nosso Lar*, psicografado por Francisco Cândido Xavier.

– Está em missão no nosso meio, veio para grandes realizações!

Seu Expedito aduzia:

– Seu guia é dos mais evoluídos do Brasil e conversa diretamente com Jesus Cristo!

As falas elogiosas repetiam-se e algumas pessoas se aproximaram da casa espírita em ressonância com a mensagem do trabalhador da palavra.

Em alguns anos, outras reações emocionais começaram a acontecer. Seu Vargas sentia-se importante e valorizado porque era o responsável por trazer e recepcionar José Oliveira em sua casa, quando vinha a sua cidade. Sentia-se satisfeito e com uma ponta de orgulho por prestar um serviço tão importante à causa espírita. Ele não percebia que cercava o orador de cuidados, mas no fundo sentia ciúmes das outras pessoas que desejavam albergá-lo e privar também de sua companhia.

Ninguém levantasse a voz contra o Oliveira, que se erguia uma multidão de fieis em sua defesa. Não era uma defesa pautada na argumentação ou explicação, mas uma fala passional, emocional, voltada à preservação interna do significado da figura de José Oliveira no íntimo de tantos depositários de suas ideias.

O tempo passou e, apesar de sua dedicação e honestidade nos propósitos da divulgação da doutrina, o orador cometeu equívocos em sua vida particular.

Viu-se envolvido em um esquema financeiro e foi aos jornais, acusado de sonegação e fraude.

A notícia atingiu aquela comunidade como um rastilho de pólvora. As reações foram diversas.

Dona Clarinha dizia que era uma atuação das sombras sobre os jornalistas, recusando-se a crer no acontecido.

Vargas, pálido, acompanhou desanimado o processo judicial que terminou em uma pena leve, com a determinação de prestação de serviços comunitários, em decorrência da condição de réu primário do condenado.

Alguns dos 'convertidos' por Oliveira afastaram-se da casa espírita e da doutrina, entendendo que foram enganados e não tolerando a decepção do escândalo.

O senhor Evanir, liderança já encanecida nos trabalhos, convidou os dirigentes de sua casa e pediu a todos que orassem por Oliveira, que oferecessem seus préstimos para sua recuperação com a sociedade, mas que não fechassem os olhos nem fizessem escândalo com o ocorrido.

– O espiritismo – dizia – é a doutrina fruto do intercâmbio entre os espíritos e os homens. Ele sugere diretrizes de ação e esforços constantes de autoconhecimento e de comportamento coerente com a proposta cristã. Ele é um convite de vida cristã, e não um método mágico de transformação dos homens em santos.

Quantos de nós – continuava – não cometemos erros ao longo de nossas vidas? Que nossa fé não seja, pois, fidelidade a um homem, mas fundada na racionalidade dos diálogos que compuseram a doutrina espírita."

Fez-se silêncio. Ainda havia perguntas nas mentes, mas todos voltaram para seus lares, entre decepcionados e aborrecidos, certos de que necessitavam trabalhar mais consigo para que tivessem fé menos dependente das imagens que os homens projetam ao público.

15. Imaculada

Maria Imaculada estava aos prantos. Depois de ficar sem rumo, ela sentia-se envergonhada e temerosa.

Face angelical, corpo bem feito, desenvolvido para a idade, aos 16 anos era membro da mocidade do Centro Espírita Harmonia. Os pais eram espíritas e a levavam ao centro desde a infância.

– Pode contar a sua história – dizia o coordenador da reunião de orientação fraterna.

Cabeça baixa, olhos lacrimejantes, face avermelhada pelas emoções, Maria ficou sem voz. Esboçando um choro, que ficou contido em um soluço, ela resolveu contar ao grupo a sua história.

– Vim pedir aos irmãos uma orientação sobre o que fazer da minha vida! – falou baixinho.

– Estou envergonhada!

– Maria, nós temos um severo código de ética em nossas reuniões mediúnicas. Não se comentam os casos pessoais fora destas quatro paredes, porque respeitamos o direito à intimidade das pessoas.

Maria ficou mais animada. Estava grávida.

Há seis meses ficou apaixonada por um jovem do grupo espírita. Feliz, olhos brilhantes, não conseguia ocultar de todos o entusiasmo que sentia por ser amada. Imagine ter seus sentimentos correspondidos por uma pessoa que considerava especial!

As semanas corriam e, jovem que era, já fazia planos de casamento, de vida conjugal e pensava também na ideia de morar junto, que era desaprovada no centro mas muito falada na escola.

As amigas do centro ficavam ao mesmo tempo felizes e com uma ponta de inveja. O jovem era muito cobiçado nas rodas femininas juvenis.

– Você acha que ele é a sua alma gêmea? – perguntou-lhe Raquel.

– Não sei, mas me sinto tão bem quando estou com ele. Tenho plena confiança no Amílcar.

Maria não era a filha mais velha em sua casa e as regras eram menos rigorosas, mas os pais estabeleceram hora de sair e de chegar em casa.

O jovem não se furtou a frequentar a casa dos pais de Maria, e eles tinham simpatia pelo relacionamento.

Na escola, Maria sofria um verdadeiro ataque de curiosidade e comentários sobre o seu namoro com Amílcar.

– Você está só ficando com ele?

– Maria, você é jovem, não vai se amarrar no primeiro sem experimentar outros!?

– Mac, dizia a amiga, você já...?

– Que é isso, Antonina! Ainda não estou pronta!

– E ele ainda não quis? Será que ele é homossexual? – perguntava Antonina, meio doidivanas, meio maldosa.

– Mac – falava outra amiga –, você já tem 16 anos! Não acha que já é hora de tomar uma decisão?

Imaculada se incomodava com as opiniões das amigas. No centro espírita os expositores orientavam os jovens a não iniciar a vida sexual precocemente, mas ela não sabia se isso era conservadorismo, nem entendia se já era a hora.

Tudo era confusão na mente jovem de Maria Imaculada. Os hormônios despertavam seu interesse sexual por Amílcar, mas ela não sabia se devia ou não procurar alguém para conversar no centro.

– O que iriam pensar de mim? Que estou obsediada?

Com quem conversar? A mocidade que ela frequentava era orientada por jovens como ela. O que eles saberiam que ela não soubesse?

Numa tarde de estudos, a sós e aos beijos, as carícias se tornaram mais íntimas e os jovens entregaram-se sem qualquer planejamento.

Com medo de conversar com os pais, mas feliz por se sentir mulher e por terem dissipadas as dúvidas sobre o seu Amílcar, os encontros íntimos continuaram com alguma frequência.

Após alguns meses, a natureza manifestou-se e a menstruação não veio. Imaculada pensou logo em alguma doença e procurou sozinha seu ginecologista.

O médico, experiente, pediu alguns exames e disse-lhe que preferia não adiantar nada, mas que ela não se preocupasse, pois não havia nenhum sintoma de doença.

Passada uma semana, ele deu a notícia, na consulta de retorno.

– Maria, como suspeitava, você está grávida.

Imaculada procurou a casa espírita em busca de orientação e apoio.

Ela sentiu o chão cair sob seus pés. "Um filho!" Eles haviam tomado cuidado todas as vezes! O médico calculou com ela o tempo de gestação e Imaculada entendeu por que ocorrera a concepção.

Temendo contar aos pais, sem ânimo de colocar os pés no centro espírita, ela ligou para o seu Amílcar. Tinha certeza de que ele ficaria ao seu lado.

Amílcar gaguejou, lívido.

– Grávida? – falou assustado.

Ela nunca se sentiu tão humilhada. Era como se fosse sua culpa. O seu heroi, sua quase alma gêmea, mostrou-se um rapaz tímido, incapaz de tomar as medidas necessárias e dar-lhe o apoio que ela esperava. Ele pediu um tempo.

– Nunca me senti tão só em toda a minha vida! – disse aos membros da reunião.

Os sonhos, as aspirações de futuro, a faculdade, as viagens... Ela sentiu um medo enorme, que se tornou um terror com as náuseas dos primeiros três meses.

O pai de Amílcar procurou-a, junto com o jovem. Ele não tinha religião, considerava-se um homem prático, e sugeriu a ele que abortasse. Ele providenciaria tudo.

O jovem sabia que era algo errado, mas calou-se diante do pai. Também queria estudar, ter outras namoradas, viver...

Até o momento, Imaculada escondeu tudo dos pais, embora sua mãe, Ana Fortes, estivesse desconfiada e preocupada com a filha. Ela confiava em Maria e esta havia lhe dito que os mal-estares eram apenas resíduos de uma gripe que se estendera, e que o médico não havia receitado nenhum remédio.

Ana achou estranho, mas fazer o quê? A filha era ajuizada, espírita.

Maria Imaculada foi procurar a reunião, sem contar a proposta que lhe fora feita pelo pai do namorado e sem conversar com os pais.

Um espírito familiar lhe escreveu através da mediunidade de Sérgio.

"Minha filha. Os pais são os primeiros anjos protetores que Deus, nosso Pai, colocou em nossos caminhos para nos orientar e defender das dores do mundo.

"Não confunda a ordem das coisas. Confie nos pais que você recebeu. Muitas jovens não tiveram a felicidade de ter uma família física e espiritual como a sua.

"As suas decisões são graves e não podem ser tomadas sem um juízo maduro.

"Confie no amor deles e confie em Deus e nos seus emissários. Nós a acompanhamos sempre e nos fazemos perceptíveis em suas preces, mesmo nos momentos mais angustiosos."

Imaculada sentiu um refrigério na alma. Ainda abatida, encheu-se de coragem e procurou seus pais.

Foram momentos sofridos, mas eles a apoiaram após o primeiro instante de lágrimas e decepções. Decepção dupla, porque o jovem Amílcar apenas assinou os papeis da paternidade, foi ao hospital e visitou a filha Amanda, da qual foi se afastando com o passar dos anos.

Os dias foram mais difíceis, mas, com a ajuda de sua família, Imaculada formou-se em psicologia e enviou no convite aos seus amigos do Harmonia uma foto dela com a pequena Amanda, sorridente, aos sete anos de idade.

16. Patrício, o livre-pensador

Seu Patrício se vangloriava de ser livre-pensador. Ele não se vinculava a nenhuma tradição do pensamento ou das ciências, colocando-se no centro das posições intelectuais correntes.

Conheceu o espiritismo em idade avançada. Reticente, não desejava vincular-se a uma doutrina considerada mística ou metafísica por seus amigos do café filosófico.

Os primeiros livros foram uma espécie de desafio intelectual. Ele desejava apontar a irracionalidade por detrás daquelas ideias construídas a partir de intuições, fragilidades da razão e meios de infantilização do homem emancipado dos ateísmos do passado.

Lendo Kardec, Patrício sorriu superior, ante as primeiras perguntas que ele dirigira aos espíritos em sua primeira obra, *O Livro dos Espíritos*.

– Deus? – pensava –, ele foi morto no apagar das luzes do século XIX, com o império da razão!

– Que ideologia nova é essa que pretende agrilhoar novamente a humanidade ao jugo das revelações de um mundo que ninguém vê, senão os supostos médiuns?

O pensador, entretanto, era honesto em matéria de filosofia. Não fecharia um livro iniciado, nem faria julgamentos antes que pudesse avaliar com conhecimento embasado aquela nova proposta que lhe era apresentada.

Voltou à introdução e leu o conceito de Espíritos, a menção às experimentações, na verdade, observações das manifestações que davam mostras de inteligência. Achou estranho.

– Por que tal não se dá ante meus olhos – pensava, desafiador – para que as dúvidas se dissipem?

José Patrício leu *O Livro dos Médiuns* e iniciou sua busca pelas faculdades lá registradas. Não lhe passou despercebido que Kardec considerava as diversas teorias alternativas à comunicação dos espíritos e que encontrou evidências da existência de sua tese central.

Ele pensava que, se aquele francês estivesse correto, tudo o que se havia escrito sobre a existência estaria comprometido. "A tese da existência-essência defendida por Sartre para fustigar os pensadores cristãos de sua época teria que ser reescrita", pensava.

– Patrício! – dizia-lhe o Salles, seu colega de café –, o que você vê de tão interessante nessas conjecturas? Por que perder seu tempo tão escasso lendo superstições e tolices de pessoas sem formação intelectual?

Patrício já não sabia responder. Outrora teria rido da fala de Salles e feito um comentário jocoso, mas agora sabia que alguma coisa o incomodava entre aquelas páginas bem escritas que compulsava e insistia em ler, sem parar.

Após ler Kardec, Patrício passou a Denis, de Denis a Flammarion, de Flammarion a Delanne. Em breve os grandes escritores espíritas franceses estavam lidos. Ele percebeu que foram feitas pesquisas de relatos pessoais diante da morte, observações de médiuns com faculdades diversas, materializações de substâncias que seriam do corpo dos medianeiros.

Viu o cuidado que aqueles homens tinham com a fraude e o interesse em denunciá-la. Viu também que eles não se intimidavam diante da descoberta de truques e continuavam registrando e publicando suas observações.

O livre-pensador conseguiu os escritos de Amália Soler, chamada a Grã-Senhora do Espiritismo Espanhol por seu biógrafo. Interessou-se pelos contos e relatos que saíam como um jorro de luz das mãos de uma pessoa inteligente, mas sem nobreza ou intelectualidade em suas raízes familiares.

Insatisfeito ainda, leu os italianos. Assustou-se com a produção extensa de Ernesto Bozzano, o jovem estudioso do Círculo Minerva, e descobriu que o espiritismo chamou a atenção dos sábios de diferentes áreas do conhecimento, como o eminente César Lombroso, hoje criticado pela sua Antropologia Criminal, mas muito respeitado por suas contribuições à época.

Apesar de inflexível, Patrício leu o episódio envolvendo a médium Eusápia, que materializara a mãe de Lombroso. Emocionou-se às lágrimas quando viu um dos céticos antigos render-se à frase:

– *Césare, fio mio*!

"Talvez os ingleses, com sua personalidade e frieza intelectual", pensava, "desmanchassem esse castelo de cartas!"

Patrício foi em busca da literatura espiritualista dos escritores da Ilha, e viu surpreso o êmulo de Darwin, Wallace, escrever que havia feito observações com médiuns profissionais e amadores, e que se rendia ante as evidências. Leu o relatório de Crookes, o depoimento de Oliver Lodge, que conversou com seu filho Raymond após perdê-lo para os horrores da guerra.

Patrício se inquietava. Já ouvira falar de Patience Worth, o espírito que escrevera peças literárias em inglês antigo pelas mãos da médium norte-americana, dona de casa, sem formação específica. Assustou-se com o vocabulário hermético do poema Telka, que havia causado a admiração de Bozzano.

Patrício sentia-se fraco. Já não negava mais a vida após a morte com o vigor da juventude. Ele percebia a proximidade da morte com os cabelos em neve, ralos, as mãos trêmulas, os olhos meio frágeis, mesmo com o apoio dos óculos recém-ajustados. Já não tinha mais a certeza do fim da existência com a morte do corpo.

Patrício ouviu falar do espiritismo brasileiro, mas a língua portuguesa lhe era desconhecida, apesar do esforço e dos avanços que obteve com o espanhol que aprendera para ler Amália e seus conterrâneos.

Ele era um homem do século XX e ainda não conseguira formar opinião sobre uma superstição do século XIX, pensava.

O pesquisador procurou nas terras do antigo continente alguém que lhe pudesse reproduzir as experiências que lera nos livros, mas foi em vão.

Um dia, caiu em suas mãos um livro escrito por um psicólogo humanista intitulado *Em Busca de Vida*. Patrício já conhecia as insegurança e incertezas de Carl Jung sobre a vida após a morte, expressas claramente em seu *Memórias, Sonhos e Reflexões*, mas o depoimento de Rogers tocou-o muito.

O psicólogo norte-americano havia perdido a mãe de sua esposa na luta contra a morte e procurara médiuns. Foram tantos e tantos os detalhes que, após uma sessão, ele saiu em dúvida. Rogers leu Raymond Moody Jr. e os relatos de experiências de quase-morte e, quando a companheira se foi, ele continuou a busca em torno da grande questão.

– Os fatos são amigos – escrevera.

Patrício fechou o livro. Sua busca terminara. Uma dor lancinante no peito e ele finalmente pôde ver com seus próprios olhos aquele outro mundo do qual duvidara e que um dia, em idade avançada, após abrir um livro, ousou acreditar ser possível.

17. Alexandre, o humilde

Alexandre era arrogante, mas de uma arrogância diferente, tão dissimulada que enganava até mesmo a ele próprio.

Acreditava-se superior aos outros, melhor que os demais, porque houvera conhecido o espiritismo. Amava a doutrina com uma devoção jesuítica.

O jovem estudou os livros de Allan Kardec e os autores espirituais que estavam na moda em sua casa.

Pouco depois de haver lido e de conseguir repetir as ideias mais divulgadas em seu núcleo, Alexandre decidiu vincular-se a um trabalho assistencial.

– Se todos colaborassem um pouco em mitigar o sofrimento humano... – dizia, mas interiormente julgava com rigor os que não se dedicavam à prática assistencial.

Como conhecia o espiritismo, embora sempre dissesse que era um humílimo aprendiz, acreditava-se melhor que o próximo. Dir-se-ia até que ele tinha "orgulho de ser humilde".

Dissimulado ou não, orgulho é orgulho e esta limitação da alma atrai a antipatia daqueles que convivem com este traço de personalidade.

O tom de voz tornou-se professoral. A atitude policialesca se manifestava nos estudos e palestras de terceiros. Cada palavra era controlada e, em vez de meditar sobre si mesmo, tornou-se vigilante voluntário da verdade espírita.

Os anos passavam e Alexandre não dava mostras de amadurecimento. Cada vez mais, envaidecia-se com os elogios dos que não conviviam com ele e tinha poucos amigos.

Em casa, ele se mostrava tal como era e, com o passar dos anos, a admiração que atraíra a bela Celeste foi sendo substituída por um incômodo próximo da irritação.

As exigências com os filhos eram imensas. Tamanha aspiração individual, frustrada pelo conhecimento velado de suas limitações, era exprimida nas suas falas rudes e no desejo que os filhos fossem capazes de ser aquilo que ele próprio jamais seria.

Tanto rigor, em vez de atrair a admiração dos seus mais próximos, gerava antipatia; e este sentimento pelo pai foi se transformando em antipatia pelo espiritismo, que ele tanto amava.

Alexandre sentia a família afastar-se dele, mas não abandonava seu orgulho e acreditava que agia assim porque seus familiares eram espíritos ignorantes e frágeis, necessitados de disciplina e rigor. Quanto mais "fechava as mãos", mais os seus saíam por entre os dedos.

Celeste pensava em separar-se. Onde estava aquele belo Alexandre, que falava coisas tão lindas? Onde estava o paladino do espiritismo, o devotado trabalhador por quem se apaixonara? Com o passar dos anos, a beleza diminuía e os defeitos lhe pareciam cada vez mais difíceis de suportar.

O que acontecerá com Alexandre? Ainda não sabemos. Vencer o orgulho é tarefa tão difícil como derrotar um oponente invisível, cujos golpes só são notados após seu desfecho.

Oremos, amigos, pelos Alexandres que ainda vivem no mundo, iludidos por sua visão diminuta da verdade e pela incapacidade de perceber o mal que causam àqueles com quem convivem.

Oxalá descubramos que nossas almas assemelham-se, em parte, ao cego amigo, que tem seguido seu caminho na vida aos tropeções.

18. O passista ilustrado

As pessoas enfileiravam-se no vasto salão de reuniões públicas, esperançosas de serem atendidas por Manuel Batista, espírita conhecido nas cercanias pela sua atividade com o passe.

Batista chegou à Sociedade Espírita da Luz com alguma indiferença pelo espiritismo. Não acreditava nem desacreditava na capacidade de intercâmbio com os mortos.

A esposa, Severina Batista, acometida de problemas e sofrimentos, resolveu abandonar a religião tradicional de sua família e procurou ajuda na Luz, apesar de uma certa desconfiança e até mesmo alguma influência da resistência de seus pais e da indiferença de Manuel.

Passados alguns meses, Severina parecia uma nova pessoa. Parou de queixar-se das dores e dos problemas de relacionamento com a família, fruto de um cuidado dedicado a ela pelos companheiros da Sociedade da Luz.

Curioso, ao ver uma mudança tão repentina na esposa de muitos anos, Manuel não resistiu e resolveu ir conhecer o lugar que operara prodígios no seu lar.

De gênio impressionável, Manuel assistiu a duas reuniões públicas e participou do serviço de passes. Luz reduzida, sala simples com cadeiras, música suave, gestos simples e uma oração silenciosa eram as características principais do ambiente e das pessoas que se dedicavam à tarefa.

O senhor Batista, tocado com a leveza com que saía da sala de passes, deduziu apressadamente que aquele devia ser o segredo da transformação de Severina e almejou para si tal dom.

Comprou os livros de Allan Kardec e viu que havia poucas orientações sobre os passes nos seus cinco livros mais célebres. Dedicou-se à leitura do capítulo XIV de *A Gênese*, que parecia ser o estudo mais próximo de uma terapia baseada na transmissão de fluidos.

Batista frequentou os cursos do Estudo Sistematizado da Doutrina Espírita e iniciou uma quase obstinação em torno da fluidoterapia nas casas espíritas.

Não tardou a descobrir a história de Mesmer e a literatura dos magnetizadores do século de Kardec.

Lia as obras contemporâneas em busca de informações sobre o seu tema favorito e não se continha diante das descrições de atuação espiritual sobre as pessoas.

Batista era escriturário e não conhecia muita coisa sobre saúde ou medicina, mas desejava interiormente tratar as pessoas e gratificar-se com o olhar agradecido de quem o procurava como tábua de salvação.

Logo conseguiu ser aceito nas reuniões de passes e, verbo fácil, convenceu os irmãos de tarefa da importância de avançarem ao patamar de seu aprimoramento no trabalho que realizavam.

Manuel começou fazendo a réplica das técnicas dos magnetizadores franceses. Fazia toques discretos nas extremidades dos que o procuravam, tentando identificar a suscetibilidade à influência dos fluidos magnéticos. Introduziu a prática de sopro curativo, os passes com gesticulação diferenciada e logo fazia um inquérito sobre as doenças dos que o procuravam, com a finalidade de realizar mentalizações dirigidas.

As mudanças começaram a preocupar os participantes mais antigos, que lhe pediam moderação. Em lugar de conter-se, Batista dava ouvidos aos pacientes mais sugestionáveis. Estes, ignorantes da proposta espírita para a ação espiritual dos fluidos, sentiam-se bem cuidados com os atos exteriores de Manuel e passaram a preferir a sua reunião.

Filas repletas de consulentes poliqueixosos, pessoas com traços de hipocondria e transtornos mentais semelhantes, Manuel resolveu fazer escola e começou a dar cursos em busca de novos passistas.

Inventou novos gestos, que imitavam imagens conhecidas do imaginário popular, como o passe-margarida, o passe-pássaro (feito com um assobio) e o passe-coração.

Não encontrando respaldo nas práticas dos colegas, resolveu escrever ele mesmo um livro que sintetizasse as novas descobertas e avanços imaginários.

Severina via com preocupação as ações do marido. Assustou-se quando ele trouxe do alfaiate uma roupa branca desenhada para facilitar o trânsito dos fluidos.

Ela sabia que as suas mudanças não se deviam exclusivamente aos passes. Eles a tranquilizaram e auxiliaram na mudança de seus padrões de pensamento temporariamente, mas foi com o estudo das obras doutrinárias, com a reflexão sobre a proposta dos evangelhos para a vida e com o apoio dos novos amigos que fez, no contexto de novas atividades e na intimidade do lar, que ela se propôs à autotransformação.

Os passes a ajudavam, mas não eram o móvel de seu empenho em ser melhor mãe e companheira.

Diversas vezes ela tentou explicar a Manuel, que a olhava como se estivesse ele próprio em um pedestal imaginário e não lhe considerava as justas reprimendas.

No fundo, Batista acreditava que a esposa lhe era intelectualmente inferior.

As práticas de Manuel chegaram aos ouvidos e olhos da direção da Sociedade Espírita da Luz e o sr. Lucas, diretor, pediu-lhe moderação em suas pesquisas, em reunião feita a portas fechadas.

Manuel entrou num dilema íntimo. Estaria ele equivocado? A alma abriu-se em chagas psicológicas e o ego, vaidoso, insistia em apontar para a ideia que assegurava sua superioridade nos estudos.

Ele conteve-se no centro, mas resolveu abrir um consultório de tratamento magnético. Falava ao pé do ouvido dos que o procuravam na reunião que, se quisessem continuidade no tratamento, que o procurassem em sua clínica.

Como tivesse que alugar uma sala, mobiliá-la, pagar taxas e outras despesas, achou natural dividir suas despesas com os consulentes.

Ao contrário do que se esperava, Manuel logo adquiriu clientela e faltavam-lhe horários.

Cheio de si, desprezou uma recomendação espiritual que orientava modéstia e sacrifício das opiniões pessoais.

– São comunicações anímicas! – alegava.

Com o tempo vêm as mudanças e Manuel Batista foi surpreendido por um oficial de justiça que lhe batia às portas, movido por uma denúncia de família insatisfeita com seu tratamento, que fez o conselho de medicina denunciá-lo ao poder público por charlatanismo.

Não é preciso continuar com a narrativa para entrever os dissabores de Manuel Batista, acusado na imprensa de curandeirismo e feitiçaria, para a tristeza de Severina e a surpresa dos filhos que não imaginavam a direção que tomaram suas atividades magnéticas.

Muitos anos se passaram até que o nosso personagem caísse em si e percebesse os caminhos que escolhera trilhar.

Ainda hoje saem lágrimas arrependidas do escriturário que desejava ser médico do espírito.

19. O médium iluminado

O grupo mediúnico reuniu-se por mais uma vez, com a finalidade do trabalho a serviço de Jesus.

Naquela noite formou-se uma fila de pessoas desejosas de notícias do mundo espiritual. Elas vinham em busca de Lúcio Claro, médium psicográfico que iniciava uma atividade nova em sua trajetória mediúnica.

Cabelos brancos, Claro organizou uma espécie de atendimento preliminar no qual conversava com os consulentes, encharcando a mente de informações que, segundo ele, lhe facilitariam o contato e a captação das ideias da parentela espiritual ou de outros espíritos afins àquelas pessoas de diferentes origens que aportavam ansiosas à célula espírita.

Lúcio começara suas atividades espíritas há muitos anos, tendo se identificado com a obra de Kardec e se dedicado a estudos, em princípio introdutórios, e posteriormente complementares.

– Para ser médium educado – dizia-lhe o dr. João, instrutor encarnado do curso de médiuns da Federação –, é indispensável o conhecimento da base doutrinária.

Lúcio não poupava dedicação e tal era a identidade com o espiritismo que, em curto lapso de tempo, ele estava contribuindo com as tribunas das casas espíritas, as tarefas assistenciais, e afinou-se com a comunidade espírita da pequena casa que frequentava.

Benquisto, logo teve o pedido de fazer parte da reunião mediúnica atendido, e o dr. João foi seu primeiro dirigente.

Nas primeiras reuniões, Lúcio Claro mostrava-se solene e dedicado, fazendo grandes esforços para evitar que a mente se perdesse nas divagações da vida pessoal ou que ela se impressionasse fortemente com o conteúdo das comunicações mediúnicas que vinham fáceis pela voz de dona Carminha.

O tempo passou e Lúcio cativou os participantes, que passaram a sentir por ele um carinho e afinidades que recordaram a relação ideal de irmãos em uma família.

Dr. João mudou-se de cidade e Lúcio passou a ser dirigido pelo seu Alves, que o admirava muito.

Vez por outra, Lúcio parecia perceber com dificuldade as ideias dos espíritos e, em curto espaço de tempo, iniciou seus exercícios de percepção e comunicação mediúnicas.

Os orientadores da reunião davam-lhe alguma informação e palavras de incentivo através da mediunidade de dona Carminha.

– Meu filho, mediunidade é oportunidade de trabalho para o espírito disposto à disciplina da humildade e porta larga da perdição para o douto cheio de orgulho – dizia o irmão Ramalho.

Lúcio ouvia com olhos lacrimosos e repetia a si mesmo que não falharia neste ministério.

Estudando o segundo livro da série ditada por André Luiz ao médium de Uberaba, incomodavam-lhe as histórias de medianeiros que se propunham ao trabalho mas faliam na existência terrestre, o que lhe dobrava a determinação na sua tarefa.

Como as primeiras páginas lhe soassem genéricas, Lúcio começou a duvidar da própria faculdade.

– Eu gostaria de ter certeza dos dons – dizia ao seu orientador –, mas me sinto inseguro.

– Acalme-se, Lúcio, mediunidade é um talento que se manifesta imperioso em uns e pouco ostensivo na grande maioria dos homens.

Uma noite, ainda preso à ideia de testar sua faculdade incipiente, Claro afirmou aos colegas de reunião, sob a suposta influência de seu mentor, que retomassem a prática de evocações.

A ideia soou estranha, mas, vinda do discípulo dedicado da causa, os irmãos de crença não ousaram questionar e fizeram um voto de confiança neste conselho.

Com atitude de credulidade, sem o crivo investigativo do Codificador, começaram a evocar espíritos que costumeiramente comunicavam na casa, trabalhadores desencarnados e familiares dos presentes.

As páginas do médium se enchiam de belas frases consistentes com a doutrina dos espíritos, mas escasseavam os sinais de identidade, próprios de médiuns de faculdades mecânicas e semimecânicas, mas raras nos trabalhos de intuitivos.

Para receber as mensagens, Claro entrevistava seus consulentes, em busca de informações.

Seguros da capacidade de Lúcio, multiplicavam-se elogios, mas nenhum comentário crítico nem judicioso se fazia expressar. A confiança cedeu lugar ao entusiasmo e, em vez de submeter as páginas do médium a avaliações mais impessoais, de pessoas sem ligação com o grupo, começaram logo a pensar em livros e publicações, em divulgação e em auxiliar na promoção pessoal de Lúcio Claro, considerando-o o mais novo fenômeno da mediunidade brasileira.

Mais de uma vez a espiritualidade solicitou que se pensasse bem antes de começar uma iniciativa.

Os membros multiplicaram reuniões administrativas nas quais se batiam pela nova tarefa.

Influenciados por exemplos baseados na mediunidade de pessoas em destaque, passaram a receber pessoas do público em uma reunião semanal para que a caneta de Lúcio pudesse trazer consolação e orientação.

– Meu senhor – dizia uma mãezinha de olhos lacrimejantes –, perdi meu filho em tenra idade, vítima de um acidente infeliz, o que me fez sentir-me morta em vida!

– Qual era o nome do jovem? Com quantos anos desencarnou? – E Claro multiplicava as questões.

Horas depois, em meio ao público, acometiam-lhe à mente os dados narrados pela mãezinha, adicionados ao desejo de consolá-la e ao orgulho de ser médium, e uma página comovente reproduzia as informações dadas com uma narrativa ligada à trajetória do espírito pelo plano espiritual.

Lúcio fez aumentar mais e mais a fila de consulentes. Ele não cobrava um ceitil pelo seu trabalho, mas era alimentado pelos comentários entusiasmados e pelas manifestações de emoção dos que o procuravam, embora alguns saíssem desapontados com os resultados do trabalho.

“É falta de fé”, justificavam uns, “falta de conhecimento”, diziam outros, “o tempo das comprovações peremptórias já se foi”, arriscavam outros.

Como não diminuíssem as pessoas e circulassem os livros, algum tempo depois começaram a surgir perguntas sobre o Espírito e o plano espiritual, direcionadas a desencarnados e personalidades de renome no movimento espírita.

A divulgação de seus trabalhos fez com que Lúcio se cercasse de seguidores, que lhe admiravam os gestos, copiavam o tom de voz e as expressões faciais características.

Qualquer dúvida era recebida com uma quase hostilidade, e suas faculdades e conhecimentos eram superestimados.

Na falta de uma sintonia melhor com os espíritos superiores, Lúcio começou a sentir-se capaz de inovar em matéria de espiritualidade e cada vez mais enxertava ideias imaginárias nas narrativas sobre o plano espiritual.

As divergências com outros médiuns eram vistas pelos seus ardorosos seguidores como avanços do conhecimento espírita e ninguém mais se dispunha ao trabalho de procurar comparações e informações de igual teor nas faculdades alheias, tão certos estavam da honestidade e capacidade de Lúcio.

Nossa história continua e Lúcio se envereda mais e mais rumo à crença de ser alguém superior aos demais. Se permanecer nesta trajetória, em breve estará fundando um movimento novo, de nome pomposo e legando às mentes consideradas inferiores a pecha de ortodoxia e atraso das ideias.

20. Os Evangelhos de João Ângelo

João Ângelo era interessado em assuntos evangélicos. Ele iniciou seus estudos por *O Evangelho Segundo o Espiritismo*, voltou-se à leitura do texto traduzido e passou a pesquisar autores espirituais e teólogos, sempre às voltas com a compreensão dos escritos sobre Jesus e seus discípulos.

Passaram-se os anos e João sempre estava voltado às questões e detalhes do texto. Encantado com as dúvidas, decidiu-se por estudar a língua grega, pensando em ter acesso aos originais.

Tal era o fascínio de João com o conhecimento evangélico que, logo, logo, os amigos começaram a fazer brincadeiras, dizendo que ele era a reencarnação de um padre famoso ou de um teólogo evangélico.

Como falasse coisas diferentes em suas palestras encantadoras, foi sendo convidado para tratar do seu tema favorito nas casas espíritas e, aos poucos, foi se afastando da filosofia espírita, dos relatos de trabalhos experimentais, das notícias do mundo e até mesmo da família, tal a atração que as letras antigas exerciam em seu espírito. Os impasses entre os pensadores das diversas teologias eram um objeto dileto de João Ângelo. Ele sentia-se capaz de desvendar os mistérios e paradoxos do Novo e Antigo Testamentos.

Jesus, aos poucos, foi deixando de ser tratado como o mestre dos homens, o professor da paz, o exemplo de virtude e tornando-se apenas o governador da Terra, o espírito em reta evolução desde a sua criação, o grande líder do sistema solar. João não percebia o quanto ele aproximava a imagem do Rabi Galileu às divindades da Antiguidade, o quanto o Jesus de suas leituras se parecia com o deus solar da cultura clássica ou Ormuz dos persas, afastando-o da condição humana.

Encantado, ele deixava-se influenciar por espíritos afins que se apresentavam como tendo as chaves da perfeita compreensão racional dos evangelhos, e negava seu caráter histórico e cultural.

Sentia-se superior aos outros espíritas que mal liam *O Evangelho Segundo o Espiritismo* e não fazia esforços para ocultar sua arrogância de saber.

Cada vez menos pessoas tinham acesso à intimidade de João Ângelo, que se colocava sempre no lugar de quem doa e nunca no de quem tem a receber.

João não via mais as pessoas simples que entravam na casa espírita e transformavam seu mundo interior. Tinha pouco tempo para ouvi-las, afastou-se das iniciativas de cunho coletivo e encastelou-se em meio aos seus livros e teses.

Mesmo em casa, João era ausente. Os filhos cobravam-lhe um momento de atenção mais carinhosa e a sua esposa já não mais sabia como receber os amigos e parentes em casa. Até mesmo nas refeições ele faltava sempre, por razões de estudo. Ângelo vivia mais nos céus que na terra prometida, dada por Deus a seu espírito.

No trabalho, João não era estimado pelos colegas, por causa da distância dos interesses e de sua conversa quase exclusiva sobre temas evangélicos e sobre os textos originais.

Seus pais eram espíritas desde a juventude e não lhes passou despercebido o interesse, a quase fascinação de João pelos textos evangélicos.

O sr. André, já de cabelos brancos, chamou o filho quinquagenário para conversar. Ele se preocupava com as omissões de João em casa, e achava que sua nora se empenhava sozinha na educação dos filhos.

Ângelo ouvia o pai com um olhar distante. A espiritualidade amiga havia de lhe auxiliar com as tarefas da Terra, porque ele havia escolhido a melhor parte.

O filho mais velho já havia comemorado seus vinte anos e estava confuso com relação ao que fazer da vida. Desenvolvera surda antipatia pelos assuntos evangélicos do pai e não lograra sucesso nos estudos, apesar dos esforços da mãe. João Ângelo sempre o afastava de perto e ele se acostumara com a presença dos irmãos e, depois, dos amigos da rua.

Aurélio foi se identificando com jovens portadores das mesmas dificuldades que ele e, distante do olhar cuidadoso dos avós, passou a adotar hábitos mal vistos em sua casa. Primeiro foram os cigarros convencionais, símbolo da condição adulta e da falsa independência dos valores parentais, depois foram os alucinógenos, símbolo de sua insatisfação com a própria vida e com as exigências da sociedade.

Aurélio se vestia com roupas escuras e adereços metálicos, como se pedisse que lhe prestassem a atenção, mas as muitas letras distraíam Ângelo de seus deveres de pai.

João Ângelo começou a cair em si quando teve notícia dos primeiros furtos em casa. Ele, então, percebeu um pouco tarde que a rebeldia do filho não era uma mera fase a ser superada com o tempo, mas um pedido de socorro.

João visitou o cursinho que Aurélio dizia frequentar, a pedido da esposa, e descobriu que ele não se matriculava há muito tempo.

Preocupado, foi descobrindo os lugares que o filho frequentava, quem eram aqueles amigos álacres, de olhar furtivo que lhe adentravam a casa e quais eram os seus reais interesses.

Especialista em descobrir os sinais dos céus, João entendeu finalmente que deveria estar mais atento aos sinais dos homens que conviviam com sua família.

A trajetória de Aurélio não foi fácil e João Ângelo teve muito trabalho até que o filho aceitasse ser auxiliado por profissionais de saúde e por voluntários do centro espírita que frequentava.

Envergonhado, João testemunhou a dedicação daqueles trabalhadores simples, conhecedores apenas do livro de comentários sobre o *Evangelho* escrito por Kardec. Eles se empenharam pela recuperação e evangelização de Aurélio.

João recebia-lhes a visita meio envergonhado, mas feliz, porque finalmente descobriu quem eram os emissários de Jesus na Terra.

Índice de temas

Esta edição foi impressa em julho de 2012 pela Assahi Gráfica e Editora, de São Bernardo do Campo, para o Instituto Lachâtre, sendo tiradas duas mil cópias, em formato fechado 140x210 mm e com mancha de 110x175 mm. Os papéis utilizados foram o Off-set 75g/m^2 para o miolo e o Cartão Supremo 300g/m^2 para a capa. O texto principal foi composto em Cambria 12/14,4, as citações em Cambria 10/12, as notas de rodapé em Cambria 10/12 e os títulos em Cambria 22/26,4. A revisão do texto foi feita por Alexandre Caroli Rocha, a ilustração do miolo, por Rita Foelker, e a programação visual da capa foi elaborada por Andrei Polessi.